# 부활의 목회
The Resurrection of Ministry

부활의 목회

부활의 소망 안에서 참으로 해방된 목회

# 부활의 목회

앤드류 퍼브스 지음 | 김선일 옮김

새세대

# 목차

# 머리말

나는 이 책을 쓰도록 격려해준 미국과 캐나다, 남아공, 그리고 나미비아 (Namibia)의 목회자들에게 깊은 감사를 드린다. 또한 이 책의 초고를 읽고 지혜와 제안과 예리한 비평을 해준 이들에게도 감사한다. 책의 내용에 대한 책임은 저자에게 있지만, 다른 여러 사람들이 격려자, 비평자, 또는 조언자로서의 중요한 역할을 담당해줬다.

피츠버그 신학교는 배우는 이들과 가르치는 이들이 서로 돕는 공동체라 할 수 있다. 나는 동료 교수들의 애정과 학생들의 격려를 통해서 큰 도움을 얻었다. 이 책은 사실 교수에게 주어지는 너그러운 안식년 정책의 산물이라 할 수 있다.

스코틀랜드의 개혁주의 신학자들은 이 책의 내용을 전개하는데 도움이 되었다. 첫째로, 나는 내 은사인 토마스 토랜스(Thomas F. Torrance)와 제임스 토랜스(James B. Torrance)에게 신세를 지고 있음을 밝힌다. 둘째로, 내 사상에 주된 영향을 주고 이 책에서 전개할 논의의 상당 부분을 형성하는 한 책을 꼽자면 윌리엄 밀리건(William Milligan)의 「우리 주님의 부활」(*The Resurrection of Our Lord*)이다. 밀리건의 이 책은 1881년에 처음 출판되었다. 그는 1860년부터 애버딘 대학(The University of Aberdeen)에서 신학과 성서비평학 교수로 재직했으며 1892년에 죽었다. 그의 눈부신 저작(그의 또 다른 저서「우리 주님의 승천과 천상에서의 제사장 직분」*The Ascension and Heavenly Priesthood of Our Lord*)은 성서신학의 보고이다. 나는 진심으로 그 책을 추천한다. 그 책은 가장 좋은 의미에서의 경건 서적이라 할 수 있다. 비록 본서에서 인용되진 않았지만, 밀리건의 책은 앞으로 전개될 내용들 가운데 종종 반영될 것이다.

한국어판 서문

전작인 「십자가에 달린 목회」(The Crucifixion of Ministry)와 더불어 이 책 또한 직접 목회자들을 위해서 썼습니다. 특별히 목회의 과중한 업무로 인해 무거운 짐을 지고 있는 목회자들에게 복음적 은혜의 말씀을 전하려는 것이었습니다. 저의 기독교 신앙의 중심 진리인 예수께서 살아계시고 다스리시며 역사하시는 주님이시라는 진리를 명료하고 알아듣기 쉽게 제시하는 것이었습니다. 그분의 사역은 현재 시제입니다.

예수님의 사역은 그분의 부활로 끝나지 않았습니다. 한편으로, 그분의 승천을 통해서 예수님은 시간과 공간을 초월하십니다. 다른 한편으로, 성령 안에서 예수님은 살아 계시며, 역사의 주인공으로서 우리와 함께 하십니다. 따라서 우리는 초월하시며 내재하시는 주님이신 예수님에 관해서 말해야 합니다. 그리고 우리는 과거와 현재, 그리고 미래의 3가지 시제로 그분의 사역에 관해서 말해야 합니다. 이 두 권의 책을 쓰면서 제가 가졌던 관심은 바로 이러한 진리를 입증하는 것이며, 우리가 그분의 계속되는 사역에 참여할 때 우리의 목회가 어떤 모습이어야 할지를 설명하는 것이었습니다.

목회자들이 안고 있는 공통적인 문제, 아마도 전문적인 이들에게 다가오는 유혹일 수 있는 문제는 우리가 마치 메시아인 양 행세해야 한다는 부담입니다. 우리는 교인들을 성장시키고, 병자를 고치고, 죄인을 용서하고 "왜?"라는 모든 질문에 답을 주고, 베드로처럼 설교하고, 바울처럼 기도하며, 하나님의 나라를 임하게 하는 등의 일들이 우리의 몫이라고 생각하곤 합니다. 분명히 미국의 교회들 뿐 아니라, 저의 모 교단인 스코틀랜드의 교회들에서도 목회자들은 과중한 짐을 지고 지쳐있으며 과도한 스트레스와 더불어 대체로 죄책감에 시달리고 있습니다. 가장 주된 문제는 신학적인 것입니다. 이제 우리는 메시아가 아니라는 사실을 배워야 할 때입니다. 메시아의 사역은 예수님에 의해서 이미 완성되었고, 지금도 완성되고 있으며, 앞으로 완성될 것입니다. 그러므로 핵심은 예수님께 우리의 목회에 들어와 주시기를 기도하는 것이 아닙니다. 우리에게 주어진 핵심 명령은 우리가 신실하기 위해서는 예수님의 목회로 들어가야 한다는 것입니다. 요한복음 15:5의 "나를 떠나서는 너희가 아무 것도 할 수 없음이라"는 말씀은 늘 명심해야 할 구절입니다.

이 책을 통해서 주로 부활과 승천 중심의 목회 이해를 제시하고자 했습니다. 우리를 그리스도와 연합시키시는 성령의 사역으로 말미암아 우리에게 다시 한 번 사역의 기쁨과 소망을 발견할 수 있는 목회의 길이 열리기를 바랍니다. 이 책의 한국어판 번역을 통해서 한국의 목회자들이 자신들이 이미 알고 있던 사실인 '예수께서 살아계신다'라는 진리를 다시 한 번 발견함으로 신학적으로나 영적으로 갱신되기를 기도합니다. 많은 이들이 이 책이 축복이 된다는 확신을 얻기를 겸손히 고대합니다. 특히 이 책의 번역으로 수고해주신 김선일 박사와 이 책을 한국에 추천하고 출판의 길을 열어준 손 디모데 박사에게 깊이 감사드립니다.


앤드류 퍼브스(Andrew Purves)
미국 피츠버그 신학대학원 개혁신학 교수

# 서론

성 토요일의 신앙과 목회를 넘어서

"여호와께서 우리 중에 계신가, 안 계신가?"(출17:7)

전작인 「십자가에 달린 목회」(*The Crucifixion of Ministry*)에서 나는 우리의 사역들이 우리 삶의 중심이 될 때 하나님께서는 그 사역들을 죽이실 것이라는 충격적인 표현을 의도적으로 사용했다. 우리가 하는 목회가 우리를 구원하지 못한다. 오직 예수님의 사역만이 우리를 구원한다. 그래서 하나님께서 우리의 메시아적 허세를 멸하시는 것이다. 이 후속 작에서 나는 부활의 목회를 살펴볼 것이다. 하나님께서는 부활하시고 승천하신 예수님의 사역 안에서 고유한 기반을 잡고 우리가 행하는 사역들을 일으키신다. 따라서 우리는 예수님의 생명의 기쁨과 소망 안에서 목회를 하게 된다. 우리를 예수님과의 연합으로 묶으시는 성령을 통해, 우리는 그분의 부활하신 생명과 부활하신 사역에 동참하는 것이다.

## 고난 주간(Holy Week)의 분위기

여기까진 좋다. 하지만 우리는 그 사실을 믿는가? 나는 이 책을 쓰면서 우리 많은 목회자들이 성 토요일(Holy Saturday: 부활주일 전날—역주)의 모호하고 무력한 분위기에 휩싸여 있음을 감지하고 있다.

내가 예배드리고 내 아내가 사역하는 교회에서는 종려주일에서 성토요일에 이르기까지 고난주간 예배들마다 섬세하게 계획된 성극들을 올린다. 종려주일은 감정적으로 복잡한 경험을 안고 있다. 이 날은 사순절의 흐름 속에 있으면서 부활절을 바라보는 날이다. 하지만 알다시피 부활절에 이르는 여정에는 고난의 날들이 먼저 다가온다. 고난 주간을 기념하면서 앞에 놓인 시간들이 어떤 것임을 알 때, 종려주일의 아침에는 무언가 모순된 기분을 느끼게 된다. 그것은 바로 부활절의 '빛'이다. 우리는 어린이들이 성전에서 행진을 할 때 종려나무 가지를 흔들며 화답한다. 우리는 왕이신 예수님의 예루살렘 입성을 기억하며 축하한다. "호산나, 평화의 왕이시여!" 하지만 우리는 곧 펼쳐질 끔찍한 이야기를 알면서 찬양을 드린다. 이 날은 깊어지는 모호함으로 가득한 한 주간의 시작이다. 이 기분은 우리가 예배의 마지막에 부르는 헨리 밀먼(Henry Milman, 1820)의 잘 알려진 시구에 담겨있다.

> 존엄하게 나귀를 타고 계시도다.
> 겸손한 자세로 죽으러 가시는도다.

앞으로 일어날 일을 알기에 종려주일은 디즈니월드의 퍼레이드와는 전혀 다르다. 당연히 종려주일은 고난주일이라고도 불리는 것이다.

성 목요일(Maundy Thursday) 예배 때에는 이처럼 음울한 기분이 더욱 깊어진다. 아직 어둠을 경험하진 않았지만 어둠은 예견되고 있다. 주의 만찬을 '기념'하는 일은 다소 애매하다. 왜냐하면 이 날은 예수께서 배신당한 그 밤에 치러진 주의 만찬을 기억하기 때문이다. 우리는 앞으로 펼쳐질 일들을 알면서 기념하는 것이다. 다음 날이 서서히 밝아오면서 그 끔찍한 이야기들이 전개되기 시작할 것이다. 다음 날을 준비하면서 예배의 마지막에 성전의 장식들이 벗겨지면서 예배의 분위기는 엄숙해진다. 강단과 성찬 테이블을 덮고 있던 장식품들이 조용히 접히고 성전 밖으로 옮겨지면서 회중은 "어두운 겟세마네로 가세"라는 무거운 찬양을 부른다. 축복은 없다. 예배는 마치 단조와 같은 분위기로 끝나간다.

성 금요일은 예수께서 십자가에 달려 죽으신 날이다. 그 날 예전의 모든 순서는 우울한 기분으로 치러진다. 이를 기념하기 위해서 예배에는 꾸밈이 없다. 배너나 장식, 색상도 사용하지 않는다. 유일한 '장식'은 꾸미지 않은 성찬 테이블 위의 검은 리본이 걸쳐진 작은 십자가와 힘없이 쓸쓸한 빛을 깜빡거리는 유월절 초 뿐이다. 이 날은 그분의 십자가 달리심을 분명하게 보여준다. 왜냐하면 예수께서 십자가 위에 계시기 때문이다. 부활의 상징인 빈 십자가가 아니다. 개신교의 특징을 잘 드러내는 기독교적 상징이 성 금요일에는 이상하게도 잘못 전시되어 있다.(빈 십자가는 부활의 상징임으로 고난 주간인 성 금요일에는 어울리지 않는다는 의미—역주) 예수 수난 기도회(Tenebrae: 부활절

13

전 목요일부터 토요일에 드리는 아침 기도회―역주)가 진행될 때 고난의 기록을 천천히 낭독하면서 예배당은 마치 우리가 무덤 속으로 더 깊이 들어가는 것처럼 어두워진다. 예배는 유월절 촛불, 그리스도의 촛불이 꺼지고 성전으로부터 나오면서 끝난다. 이는 무거운 상징으로 가득한 행위이다. 어둠이 지배한다. 그리스도께서는 그의 죽으심으로 예배당 건물을 떠나신 셈이다. 폐회 찬양이나 축복, 예배 후 연주도 없다. 목회자가 예배당 문 앞에서 그 날의 상징이자 참혹한 사건임을 보여주는 투박한 못을 교인들의 손에 쥐어줄 때 까지 아무 할 일 없이 조용히 떠나는 것이 전부이다.

성 토요일은 공허한 날이다. 이 날 개신교 교회에서는 예배가 없다. 로마 가톨릭 교회에서도 미사를 드리지 않는다. 예배가 보류된 것이다! 이 날은 하나님을 경배하는 사람들의 활동인 예전이 없는 날이다. 이 날의 성서일과에는 복음서 읽기가 없다. 예수께서 음침한 요셉의 무덤에 계시는 동안 우리가 무엇을 해야 할까? 이 날은 간격과 공백, 여백의 기운이 느껴진다. 마치 이 날을 위해서 해야 할 그 무엇도 없는 것처럼 보인다. 우주 안에 구멍이 있는 듯하다. 이 날은 기다림의 날이다. 전통적으로 이 날은 금식의 날이기도 하다. 심지어 신학도 가라앉는다. 아직 아무런 할 말이 없기 때문이다. 하나님의 권능이 가장 깊은 부재 속에서 느껴지는 날이다. 성부께서는 무엇을 하시는가? 예수께서 음부로 내려가심은 무엇을 의미하는가? 이 날은 하나님의 슬픔, 심지어는 하나님 안의 외로움에 관해서 말할 수 있는 날인가? 왜 예수께서 죽음에서 일어나시는데 사흘이 걸렸는가? 어설프게 인간적으로 이해하는 것은 위험하며, 우리의 언어로 표현하기에는 한계가 있다. 이러한 의문과 혼란의 낯선 하루인 성 토요일을 우리는 어떻게 지켜야 하는가? 나는 성 토요일을 위해 만들어진 찬송을 알지 못한다. 또한 희한하게도 회중이 함께 모일 이유도 없다. 성 토요일은 그리스도인들에게는 고독한 날이다.

신학은 예수님의 죽음을 진지하게 다뤄야 한다. 우리는 그 날에 일어난 일의 두렵고 끔찍함을 가리기 위해서 성 토요일에서 부활 주일로 너무 급하게 서둘러 이동해서는 안 된다. 심지어 부활 주일 아침에도 예수께서는 채찍 자국과 십자가에 못 박힌 상처를 지니신 주님이셨다. 예수님의 죽으심은 사망 그 자체였다. 제자들과 마찬가지로 우리는 하루 더 어두운 절망 속에서 기다려야 한다. 죽음의 지속이 고난주간의 마지막을 장식한다.

## 성 토요일은 결말이 아니다

하지만 제자들과 달리, 현재적 관점에서 볼 때 우리는 이 이야기가 성 토요일로 끝나지 않음을 안다. 이를 알기에 예수님의 죽음에 대한 기억의 날카로운 지점이 무디어지고 성 토요일의 끔찍한 공허함과 모호함이 어느 정도 제거된다. 영광의 신학이 이제 막 날개를 펴고 중심부에 이르려고 대기 중이다. 성 토요일의 존재론적 공허함은 사려 깊은 교회론과 예전적인 장치들에 의해서 경건한 방식으로 사라진다. 우리는 이미 부활 주일로 진입하고 있는 것이다. 좋은 소식을 기뻐 외치는 상징적 의미에서 백합이 강단의 장식으로 올라온다. 꾸미지 않은 목재 강단과 성찬 테이블을 대신해서 하얀 강대상이 놓여진다. 성가대는 이미 부활절 찬양을 복창하고 있다. 부활절 설교는 기록된 설교이기 때문에, 아마도 지난 부활절에도 들려졌을 것이다. 그리고 우리가 성 토요일의 끔찍한 허무함 속에 정말로 들어선 것이 아니라는 사실을 확증하기 위해 주일 아침의 주보는 도착하는 사람들을 위해 본당 입구 홀 선반에 놓여진다. 거기 주보 옆 눈에 띄지 않게 유월절 초와 성냥갑이 놓여 있다. 부활절 예배는 초의 입장과 함께 시작되며, 세상의 빛이신 부활하신 예수를 상징하고자 촛불이 점화된다. 들리는 바로는, 미국에서 이 날은 연중 쇼핑객이 가장 많은 날 가운데 하나라고 한다!

현재적 관점에서 볼 때, 성 토요일은 '거의'(almost)의 날이다. 한 편으로 볼 때, 속죄는 완전하다. 그러나 승리는 아직 성취되지 않았다. 성부께서 성자를 의롭다고 확증하심은 아직 선포되지 않았다. 우리는 소망과 지식 가운데 미래를 바라본다. 그러나 아직은 능력이 드러나지 않았으며, 물론 기쁨을 위한 기반이나 소망을 위한 근거도 없다. 부활하신 예수님이 나타나시기까지 제자들은 두려워서 은밀히 숨어 있었다. 부활의 현현이 없는 한, 제자들은 성 금요일에 실제로 일어난 일의 의미를 아직 알 수 없으며, 나중에 그들이 더욱 더 놀랐듯이 자신들의 남은 인생의 모든 세월 동안 일어날 일도 알수 없었던 것이다. 성 토요일에는 예수께서 말씀하시고 행하셨던 것들이 그의 죽음으로 인해 이루어질 수 없었다. 죽음은 여전히 그 쏘는 힘을 갖고 있다. 죽음이 명백히 승리한 것처럼 보였다. 하나님의 사람이 죽으심으로 인해서 그의 종교적이고 도덕적인 영향력은 기껏해야 단말마의 승리에 지나지 않는다. 예수께서 죽으셨다. 꿈은 끝났다. 일단 제자들은 십자가에 달리신 예수님의 죽음이 지니는 폭력과 수치의 충격을 겨우 이겨낸 다음에 자신들의 원래 일자리로 돌아가 근근이 연명하며 살려고 했을 것이다. 지난 3년이 흥미로운 시간이었음은 의심할 바 없다. 그러나 계속 살아가야만 한다.

하지만 제자들과 달리 우리는 이 이야기를 안다. 특히 이야기의 결말을 알고 있다. 지금 이 시점에서 많은 우리들에게는 신앙과 사역의 경험을 규정하는 복잡한 모호함이 존재한다. 이야기의 결말을 알고, 심지어 부활절을 계획하면서, 우리는 성 토요일 분위기의 경험 가운데 갇혀 있다. 우리는 아직 부활 주일의 관점에서 기독교 생활의 실체에 들어서지 못한 것이다.

## 성토요일의 분위기에서 목회함의 문제들

왜 이러한 경우가 생기는지 설명하기 힘들다. 이와 관련해서 '시간의 사이 속에 살아감'이라는 문제가 있다. 승리는 이루어졌다. 그러나 전투는 아직 끝나지 않았다. 영원한 생명은 약속되었으나, 우리는 여전히 병들고 죽는다. 예수께서 살아계시고 통치하신다. 그러나 세상의 참혹함과 고난은 여전히 줄어들지 않는다. 살아가면서 우리는 신앙을 고백한다. 그러나 우리는 종종 우리 자신의 도덕적 혼란에 사로잡히며 거룩한 삶을 살려고 노력하다가 곤경에 빠지기도 한다. 우리는 교회를 위한 성령의 은사에 관해 말하면서도, 신앙을 당당히 말하기에는 걱정과 쓰라린 실망으로 인해 머뭇거린다. 우리가 늘 가르치고 설교해도 사람들의 삶에서 아무런 변화도 일어나지 않는 것처럼 보인다. 적어도 우리 삶의 더욱 어두운 날들에는 이런 느낌을 갖게 된다. 예수께서 죽은 자들 가운데 살아나셨을 터이나, 우리는 여전히 성 토요일의 사람들인 것이다. 이 괴리를 넘어서 우리를 부활절로 인도해 주기를 갈망하며 성령의 능력을 동경하며 기도하는 것이다.

성 토요일과 부활 주일 사이의 공간에서 목회란 일종의 '거의'(almost)의 목회라 할 수 있다. 성 토요일의 분위기는 우리가 경험하고 있는 바를 비유한다. 우리는 이야기를 안다. 그러나 우리는 부활 주일에 도착하지 않았다. 이 여정의 어딘가에서 능력과 기쁨과 경이가 실종됐다. 송영(doxology)으로서의 목회는 아마도 혹독한 직무들로 인해 짓눌려졌다. 피곤함이 기쁨을 억누르고 있다. 부활 주일의 분위기에서 모든 사역이 준비되고 있으나, 부활 주일 그 날 자체가 아직 도달하지 않은 것으로 보인다. 종말을 향해 가는 시계는 멈춰진 것처럼 보인다. 성 토요일 분위기의 목회는 모호함으로 가득하다. 즉, 뒤와 앞을 번갈아 보며 어딘가에 엉켜 있는 야누스의 두 얼굴을 지닌 사역이 되었다.

성 토요일 분위기의 사역과 부활 주일 분위기의 사역 사이의 대조적인 모습은 부활의 현현 이전과 승천 이후 예수님의 제자들을 비교하면 잘 드러난다. 주님이 부활하신 날 저녁 동안에 제자들은 두려움에 문을 걸어 잠그고 집안에 모여 있었다.(요20:19) 그들은 예수님이 죽음에서 부활하셨음을 아직 몰랐다. 다른 한편으로 예수님이 승천하신 이후 제자들은 "큰 기쁨으로 예루살렘에 돌아가 늘 성전에서 하나님을 찬송"(눅24:52-53)하는 가운데 있었다.

다음의 대조들을 살펴보자. 내면 성찰적인 자기 점검 대(對) 확장적이며 외향적인 전도, 옛날로의 회귀 대 새롭고 아직 상상도 할 수 없는 미래에의 전망, 슬픔 대 기쁨, 의심 대 찬양, 두려움과 도피 대 침묵하라는 법 권력의 명령에 대항하는 공적인 용기(행4:18-20), 불신 대 확신, 혼란 대 명료함, 요약해서, "하나님이여 우리를 도우소서." 대 "할렐루야, 예수님은 살아계시도다."라 할 수 있다. 목회적 용어로 이러한 대조를 표현하자면, 이는 우리 자신에 집중하는 사역, 즉 계속되는 생에 대한 모호하고 불확실한 소망을 안고 우리가 가진 것을 보호하고 보존하려는 소심한 선교론 관리 중심의 교회론이냐, 아니면 세상에 "예수 부활하셨도다!"라고 외치는 창조적이며 흘러넘치는 열망에서 분출되는 사역이냐를 대조하는 것이다. 한 신문에서 "교회는 예수가 살아계심을 확증하며 그 사실이 진리임을 믿으며 살고 있다."라는 놀라운 기사가 실린다고 상상해 보라. 이는 모든 것이 우리하기에 달렸기에 우리로 불안하고 피곤하게 하는 능력이 상실된 목회와 주님께서 단지 살아계실 뿐 아니라 우리를 위하여 권능으로 통치하시고 역사하심으로 인해서 오는 기쁨과 소망의 목회 사이의 차이라 할 수 있다.

## 부활하는 예수님의 목회

그렇다면 목회의 부활은 우선 우리가 하는 사역의 새로운 생명에 관한 것이 아니다. 새롭게 다져진 태도나 사역 갱신 프로그램을 통해 다시 목회의 발동을 걸자는 것도 아니다. 나는 이러한 제안들이 물론 가치 있고 정당하다 할지라도 이것들보다 훨씬 더 근본적인 차원의 것을 추구하고 있다. 나의 주장은 목회의 부활이란 예수님의 목회로 부활되어야 한다는 점이다. 예수께서 부활하셨기에, 그 분은 단지 새로운 생명만을 얻은 것이 아니라 그가 행하시는 사역 또한 새로운 미래를 품게 되었다. 부활하시고 승천하신 예수께서 신앙생활의 영역에서 우리에게 기쁨의 기반이자 소망의 근원이 되시듯, 우리의 목회 영역에서도 하실 일이 있으시다.

그러므로 이 책은 부활하신 주님의 장엄한 실천신학이다. 부활하시고 역사하시며 통치하시는 예수님에 관한 책이기 때문에, 이는 또한 영광의 실천신학이기도 하다! 따라서 우리는 예수님의 부활과 승천을 말해야 한다. 최근 몇 십년간 신학에서 고난당하시는 하나님이라는 주제에 관심을 가진 것은 당연하며 유익했다. 신정론(theodicy: 하나님의 의로우심을 증명하려는 신학-역주)은 우리가 많이 생각하게 되는 주제다. 기독교 신학은 언제나 십자가의 신학이라는 사실을 우리는 다시금 깨닫게 된다. 인간 고뇌의 한 복판에서도 예수 그리스도 안에서, 예수 그리스도를 통해서, 또한 예수 그리스도로서 우리를 위하여 함께 하시는 하나님은 고난당하는 모든 이들을 위한 복음이다. 승리하는 교회만이 강조될 때는 영광의 신학(a theologia gloriae)을 경계해야 하는 것이 마땅하다. 루터의 십자가 신학(theologia crucis)은 교회를 안일한 낙관주의와 공허한 승리주의의 위험으로부터 보호하며, 우리로 하여금 갈보리 십자가를 통해 하나님을 아는 지식과 그의 구원을 깨닫도록 인도한다.

　　하지만 아마도 우리는 하나님이 인간의 죄와 고통을 깊이 헤아리지 못하는 모습으로 보일까 두려운 나머지 단지 십자가를 통해서가 아니라 특별히 예수의 부활을 통한 하나님의 승리를 증언하는데 소극적이었나 보다. 아마도 과학적 성공에 압도되어 확신의 상실이라는 특성을 지닌 이 시대를 사는 우리로서는 복음서에 나오는 나사렛 예수에 관한 서술의 대단원을 믿기에는 너무 부담스러워 당혹스러울 수도 있다. 아마도 예수님의 부활은 아름답고 소망 가득한 은유로 슬그머니 넘어가는 듯하다. 하지만 이러한 과정에서 기쁨과 소망을 가져다주는 부활의 실체와 능력은 무시되고 있다. 그럼에도 불구하고 복음은 은유가 아니라 인격적이며 살아계신 주님이시다. 아마도 부활 또한 예수님에 관해서, 또는 그분에게 일어난 일에 관해서가 아니라 우리에 관한, 우리가 갖는 느낌에 관한 것으로 해석되어온 것 같다. 현재 그리스도인의 경험에서 그리고 특별히 사역에 동참하는 많은 이들의 경험 속에서 기쁨과 소망이 상실된 이유가 무엇이든 간에 우리 그리스도인의 의식과 실천을 위해서 예수님의 부활과 승천의 중심성을 다시 회복하고자 모험을 감행하는 일은 지극히 당연하다.

## 부활의 목회

예수님의 부활은 성 토요일의 분위기로부터 목회를 부활시킨다. 이는 부활 주일과 승천일이 바로 예수님의 사역의 부활과 지속됨을 의미하기 때문이다. 아마도 이와 같은 진술은 좀 더 정교하게 표현될 필요가 있다. 예수님의 계속되는 사역을 떠나서 교회는 그 어떠한 사역도 할 수가 없다. 하지만 예수님께서 부활의 사역을 소유하고 계시기에, 우리는 그의 생생한 사역을 중심으로 완전히 재형성되는 사역을 할 수 있게 되었다. 하지만 이는 우리의 사역을 새로운 관점에 위치시키는 것 그 이상이다. 이는 사역의 근원적인 재조정이다. 이제부터 우리는 예수님의 살아계신 사역에 동참한다는 것이 무슨 의미인지에 근거해서 모든 사역을 다시 성찰해야 한다.

십자가의 목회는 우리를 메시아적 허세로부터 탈피하게 하는 정당한 명분을 지니고 있다. 또한 우리는 성 금요일이 없이는 부활절도 존재하지 않는다는 사실을 잊어서는 안 된다. (이는 나의 전작인 「십자가의 목회」 *The Crucifixion* *of Ministry*에서 다룬 주제다.) 이 후속 작에서 나는 그 다음 단계를 취하려 한다. 여기서의 강조점은 기쁨에 있다. 그리고 의미의 지평은 교회를 위한 하늘로부터의 선물과 죽음과 악의 세력을 무너뜨리신 하나님의 궁극적인 승리에 관한 소망과 기대로 충만해진다. 예수님의 부활을 통해 하나님이 승리하셨다는 이 인식은 일부러라도 변명할 필요 없이 예리하고 포괄적이어야 한다. 늘 그렇듯이 초점은 예수께 있다. 따라서 부활하시고 승천하신 주님이신 그분의 삶과 사역이 우리에게 무엇을 의미하는지에 초점을 맞추어야 한다. 부활과 승천의 측면에서 그분의 사역은 무엇이란 말인가? 또한 우리의 사역(과 신앙)은 부활 주일과 승천하신 목요일의 분위기에서 어떤 모습이어야 하는가? 물론 이 마지막 질문은 매우 중요하다. 왜냐하면 부활하신 주님의 생애와 사역은 단지 우리를 즐겁게 해주는 관념이 아니라, 우리가 행하는 모든 일을 분명하게 형성시키고 바로잡아주는 생생한 교제 가운데 우리를 강력하게 동참시키기 때문이다. 앞으로 다룰 논의에서 예수 그리스도의 부활하시고 승천하신 삶과 사역, 그리고 그에 비추어 본 우리의 목회를 긍정적으로 진술함으로써 이러한 질문들에 답하고자 한다.

이 책의 논의 과정에서 나는 이러한 사역이 어떠한 모습이어야 하는지를 묘사할 것이다. 나는 이를 성 토요일 분위기의 사역에서 부활 주일 분위기의 사역으로 나아가는 여정의 발걸음이라 부른다. 나는 우리가 성 토요일의 분위기에서 부활 주일의 기쁨과 소망, 그리고 완성된 형태라 할 수 있으며 이러한 이야기의 중심이라 할 수 있는 승천일 이후 주님의 사역에 동참함으로 옮겨갈 때 신앙과 사역이 어떤 모습이어야 하는지를 그릴 것이다. 따라서 앞으로 논의할 내용은 예수 그리스도 안에서 예수 그리스도를 통하여 그리고 예수 그리스도로서 이기신 하나님의 승리 안에서 사는 삶이 무엇인가를 탐구하는 부활과 승천의 목회 신학이다.

> 오 하나님, 다시 우리를 향하시고, 우리를 소생시키시옵소서.
> 그리하여 당신의 백성이 당신 안에서 기뻐하게 하옵소서.
> 오 하나님, 우리에게 정결한 마음을 주시고
> 우리 안에 정직한 영을 새롭게 하소서.
> 우리로 당신의 도우심을 기뻐하게 하옵시고,
> 당신의 자유케 하시는 성령으로 우리를 지켜주옵소서.
> 우리의 살아계시고 다스리는 주님이신
> 예수 그리스도의 이름으로 기도하옵나이다. 아멘.

# 1장

# 부활이 아니라, 부활하시고 다스리시는
# 예수님이 중심이다

죽은 자들 가운데서 예수께서 부활하심과 그 후로 이어지는 승천, 그리고 성부의 보좌 우편에서 성령을 통하여 행하시는 그의 사역은 기독교 신앙과 사역을 가능하게 한다. 기독교 신앙과 사역은 성령이신 하나님께서 우리를 그분의 생명과, 또한 그로 인해 그의 사역에 동참하게 하실 때에 예수님께 일어났던 일의 결과이다. 그러므로 그리스도이신 예수께서 부활하셨고 다스리시고 다시 오실 것이기 때문에 우리 또한 그분과의 연합 속에서 이제 그의 생명에 참여하는 자가 되었다는 의미에서 기쁨과 소망은 그리스도인의 정체성을 이룬다. 만일 예수께서 부활하지 않으셨고 우리가 그의 생명에 참여하지 않는다면 신앙과 사역은 무용지물이 된다. 어떠한 경우이든 간에 우리에게 닥칠 경험은 기쁨과 소망이 아니라 피로와 절망일 것이다. 신앙의 기반은 상실되며 하나님 안에서의 근원과 공급원도 존재하지 않게 된다. 그리고 사역으로부터 능력은 떠나게 될 것이다.

이번 장의 주된 목표는 우리를 성 토요일 분위기의 목회에서 부활 주일 분위기의 목회로 옮기게 하는 첫 걸음들이 무엇인지 살펴보는 것이다.

### 예수님이 주인공이시다

중심은 예수님이다! 때로는 명백한 사실이 너무도 당연하게 받아들여지는 바람에 초점을 잃을 때가 있다. "나무를 보지 말고 숲을 보라."는 격언이 있다. 이 말은 신학에도 반드시 적용된다. 우리는 복잡한 논증과 표현에 갇히곤 한다. 따라서 명백한 것으로부터 시작하자. 예수님이 기독교 신앙의 중심 주제이시다. 그리고 살아계시며 다스리시는 예수님은 부활과 승천의 중심 주제이시다. 예수님이 주님이시라고 고백하는 것은 단지 예수께서 살아계신다는 사실을 진술하는 것이 아니라 그가 목적을 갖고 살아계심을 의미한다. 우리는 적절한 때가 되면 이 의미가 무엇인지 깨닫게 될 것이다. 하지만 이 첫 번째 핵심 요점을 명확하게 이해해야 한다. 예수께서 살아계신다! 나머지 모든 것들은 이 고백과 이 고백이 증언하는 진리의 결과로 뒤따라오는 것 뿐이다.

내가 기독교 신앙이 근본적으로 살아계시고 다스리시는 예수님에 관한 것이라고 주장하면서도 **그리스도**나 **하나님**이라는 단어를 쓰지 않음에 주목하라. 물론 이러한 단어들은 매우 중요하며 기독교 신앙을 표현하는데 있어서, 각각에 합당한 위치가 주어져야 한다. 그러나 기독교 신앙과 그에 근거한 기독교 사역의 진리는 그 처음 마주함에서 '그리스도'와 같은 신학적 호칭이나 '하나님'이라는 일반적 신성의 개념에 자리잡지 않는다. 기독교 신앙과 사역을 위한 진리는 인간의 육신을 입으시고 그리스도이시며 하나님이신 예수님의 인격적 특수성에 자리잡고 있다. 이러한 주장에 수반되는 내용이 무엇인지 아주 간략하게 설명하고자 한다.

*그리스도라는 원리가 아닌 예수* '그리스도'라는 신학적 호칭은 오늘날 많은 이들에게 그 의미와 가리키는 바가 상당히 모호해 보인다. 그러나 이 단어와 관련된 진정한 신학적 문제는 이 단어가 예수님과 분리돼서 홀로 사용된다는 점이다. 너무도 쉽게 이 단어는 유대교의 신학적 뿌리와 인간으로 오신 예수 안에서, 또한 예수 자신이 성취하였던 역사로부터 이탈한다. 그리스도라는 개념은 너무 쉽게 하나의 그리스도 원리로 변모한다. 그러면서 그 근원적 의미라 할 수 있는 그리스도이신 인간 예수의 특수성에서 벗어난 일반적 개념이나 관념이 되어버린다.

그리스도라는 단어가 예수님으로부터 분리되면서 추상적 인칭 대명사로서 가현적인(docetic: 예수님이 실제로 인간의 육신을 입으신 것이 아니라, 인간처럼 보인 것 뿐이라는 주장—역주) 성향을 지니게 된다. 우리가 예수님에 관해서 말하고 있음을 의식적으로 인지하지 않은 채 그리스도에 관해서만 말하면, 그분이 인간이라는 사실은 우리의 생각에서 빠져 나가게 된다. 예수님을 온전한 하나님으로 고백하면서 우리는 그분이 인간이셨고 인간이 되셨음을 상기해야 한다. 심지어 예수께서는 부활하신 주님이셨을 때도 온전한 인간됨을 중단하지 않으셨다. 따라서 우리의 대제사장이신 그 분은 하나님 아버지와 우리 사이에 영원한 중보자로 살아계신다. 그분은 성령의 모든 능력 안에서 하나님을 우리에게 전해주며, 우리를 하나님께로 인도하신다. 우리가 그의 인간됨을 견고히 신뢰하지 못하면, 하나님과의 관계를 세우는 모든 과제가 우리에게 맡겨진다. 그러면 우리는 그리스도인의 삶에 메시아적 허세를 씌우는 길로 나아가게 된다. 심지어 '그리스도'라는 호칭과 그 이전의 역사적 기대들은 예수님이 주의 기름 부음 받은 자임을 드러낸다. 끝으로, 이 호칭에 충만한 의미를 부여하는 이는 바로 예수님이시다. 이 호칭의 의미는 예수님과 그가 사셨고, 지금도 살아 계시는 역사로 인해 재구성되며 변화하게 된다. 그분은 유일하게 성육신하신 주님이시기 때문에 그리스도라는 단어는 오직 인간의 몸을 입고 오신 예수님의 인성에 접목될 때에만 적합한 용례와 적절한 의미를 갖추게 된다. 그러므로 예수님을 이야기하는 것은 우리로 하여금 신학적으로 든든한 기반에 자리 잡도록 돕는다.

  *일반적 신 개념이 아닌 예수*  하나님, 혹은 신이라는 단어가 특별히 문제가 되는 것은 그 용례가 광범위하며(저주할 때 쓰이든, 축복할 때 쓰이든) 따라서 사람들은 그 신이 누구인지를 마치 아는 것처럼 말하기 때문이다. 다시 말해서, 이러한 추상적으로 일반화된 개념에는 신학적 위험성이 있다. 이 경우 예수님이나 성 삼위일체 교리는 제쳐놓은 상태에서 여러 종교들에서 말하는 신을 통칭하는 의미로 쓰일 수 있다. 이와 같은 하나님에 대한 일반적 개념은 모든 종교들에 적용될 수 있고 또한 시민 종교적 의미를 가질 수 있다. 그러므로 기독교 교리에서 말하는 하나님이 일반적인 신 개념의 구체적인 기

독교 사례가 되어 버리는 것이다. 이로 인한 결과는 기독교 신앙에 실로 재난이라 할 수 있다. 성부와 성자와 성령은 더 이상 하나님의 이름으로 드러나지 못한다. 삼위일체로서 사랑의 교통을 나누시는 하나님은 기독교적인 첨가 사항일 뿐, 하나님에 내재하는 고유한 속성으로 간주되지 못한다. 따라서 일반적인 종교적 개념으로서의 하나님에서 주님이신 예수님에 대한 바른 신학적 이해로 이동한다는 것은 불가능하다.

예수님은 하나님이시기 때문에, 하나님 개념 그 자체는 근본적으로 단일론적 유일신에서 삼위일체 교리로 심오하게 재형성되는 과정을 거쳐야 한다. 성경의 두 구절이 특별히 이 점에서 우리에게 하나님의 개념 그 자체가 기독론의 통제를 받아야 함을 시사해준다. 첫째로, "본래 하나님을 본 사람이 없으되 아버지 품 속에 있는 독생하신 하나님이 나타내셨느니라."(요1:18 —헬라어에서는 그를 낳으신 분이라고 표현한다!)고 할 때의 독생하신 하나님은 바로 성자이신 예수님이시다. 그리고 둘째로, 예수님은 "아버지 외에는 아들을 아는 자가 없고 아들과 또 아들의 소원대로 계시를 받는 자 외에는 아버지를 아는 자가 없느니라."(마11:27)고 말씀하셨다. 종교개혁가 장 칼뱅은 "하나님은 오직 그리스도 안에서만 이해될 수 있다."고 가르쳤다.(「기독교강요」 2권 6장 4절) 신학적인 논점을 분명히 전하기 위해서 부적절하게 충격적인 이미지를 사용하는 위험성이 있긴 하지만 마태복음에서 반복되는 "아는 자가 없다."고 하는 의미는 일종의 기독론을 필수조건으로 전제하는 무신론적 표현이라 할 수 있다.

기독교 신앙은 일반적인 종교적 상상력에는 참으로 급진적이며 상당히 불편할 수 있는 주장을 담고 있다. 왜냐하면 바로 이러한 기독교 신앙의 충격적이고 확고한 역사적 특수성 때문에, 그에 상응할 만한 세속적 개념이 없기 때문이다. 기독교 신앙은 마리아의 출산 경로를 통해 나신 예수님을 다루는 신앙으로서 그분을 그리스도로 인정하며 그분을 완전하시고 온전하신 하나님으로 고백한다. 그리스도이시며 하나님이신 분에 대한 우리의 이해는 예수님을 통해서 완성된다. 이는 그분이 누구이셨으며 누구이신지를 통해서 그분이 하신 일과 지금 하시는 일을 통해서 그분이 하신 말씀과 지금 하시는 말씀을 통해서 그리고 그분에게 일어났던 일을 통해서 완성된다.

### 첫째 걸음: 예수님께 집중하라

아직 우리가 신학 여정에 깊이 들어가진 않았지만, 이미 주변에 펼쳐진 풍경만 봐도 목회에 대한 간략한 성찰을 하게 만든다. 성 토요일 분위기의 사역에서 부활 주일 분위기의 사역으로 이동한다면 가장 중요한 첫 걸음은 그리스도 원리나 하나님에 관한 일반적 개념이 아니라 예수님께 집중하는 것이다. 이러한 걸음을 취함으로써 목회 실천의 방향이 잡히고 구체적 내용이 주어진다. 기독교 신앙의 급진적 주장은 예수님이 하나님이시라는 것이다. 숨겨진 하나님께서 사람이 되셨다. 인간으로는 불가해한 하나님이 이 사람 예수님 안에서, 예수님을 통하여, 그리고 예수님으로 자신을 나타내셨다. 우리에게는 이 분 외에는 아무도 없다. 그러나 우리는 예수님을 단지 과거 시제로 말해서는 안 된다. 그분은 부활하셨고 승천하셨기 때문에 우리 또한 그분을 현재 시제로 말해야 한다. 예수님으로서 그리고 성령 안에서 하나님은 여전히 우리의 삶을 다루신다. 그리고 우리는 예수님과 관계를 맺으면서 하나님과 관계를 맺게 된다.

이로부터 얻게 되는 결론은 예수님을 통해서 하나님은 관계적이고 따라서 인격적인 하나님으로 알려진다는 것이다. 그리고 이러한 사항들은 더 깊은 논의를 요구함에도 불구하고 우리는 인격적 관계를 갖는다는 의미가 무엇인지 알기 때문에, 그러한 관계적 용어들로 하나님을 생각하고 하나님 안에서의 삶을 갖는다는 것이 무슨 의미인지를 어느 정도 파악할 수 있다.

어떠한 현안들이 있다 할지라도 때로 목회적으로 필요한 것은 인격적인 하나님을 확증하는 일이다. 이 분은 우리와 가까이 계시기에 우리가 그 이름을 알고, 우리와 함께 하시는 방식이 사랑과 자비이며, 우리로 그분 자신과 더욱 친밀한 관계 속에 거하시기를 목표하시는 하나님이시다. 심판자이신 진노의 하나님 상으로 몸서리치는 교인에게 우리는 예수님을 보여줘야 한다. 죄와 하나님의 심판에 관해 말하는 기회를 회피하지 않더라도, 우리는 언제나 예수님 안에서 그러한 말을 해야 한다. 예수님 안에서 우리가 만나는 하나님은 무자비하게 성내시며 영원토록 정죄하시는 분이 아니라 사랑과 은혜 안에서 인격적인 관계를 맺으시는 분이다. 하나님에 관한 감각과 인식을 상실한 나머지 생의 힘든 시기에 마치 하나님이 부재하시는 것처럼 느끼는 교인들에게 우리는 예수님을 보여줘야 한다. 수용하는 마음과 배려심을 갖고 영적인 절망감을 표현하는 이야기들도 충분히 들어줘야 하지만 그렇게 할 때에도 우리는 성령 안에서 예수님이 실제로 우리 옆에 계시며 우리를 복 주시고 위로하시며 치유하신다는 사실을 신뢰해야 한다. 왜냐하면 그것이 바로 하나님이 누구이시며, 하나님이 무슨 일을 하시는지를 드러내기 때문이다. 신학적 관점을 공격적인 언사와 논증으로 방어함으로 기독교 공동체에 분열과 적의를 일으키는 교인들에게 우리는 예수님을 보여줘야 한다. 우리는 사려 깊은 신학의 필요성을 아주 분명하게 인정하고, 복음에 충실하지 않은 신학을 거부하면서도, 그럴 때마다 우리의 진술 안에 담을 수 없고 우리의 논증으로 규정되지 않는 인격적 존재이신 예수님을 말해야 한다.

우리는 예수께서 살아계시기 때문에 그 분을 보여드려야 한다. 우리는 그분에 관해서 말하며 그의 사랑의 자유 안에서, 그리고 성령의 은혜와 대행을 통해서 예수께서 자신을 그의 백성들에게 내어주셨음을 신뢰해야 한다. 의심할 바 없이 우리가 주의 임재에 관해 말하고 우리의 언어가 그러한 임재를 반영할 때에, 우리는 거대한 신비와 마주하게 된다. 그럼에도 불구하고, 우리는 목회를 하면서 성령의 대행을 통하여 살아계시고 역사하시는 주님께 우리의 신뢰를 드려야 한다. 여기에 중요한 사실이 있다. 우리는 그분의 이름을 알며 그분의 사역을 안다는 점이다. 그의 이름은 예수이시며 그의 사역은 하나님과의 사랑스러운 화해다.

**새로운 로드맵이 필요하다** 내가 살며 가르치는 피츠버그에는 어이없는 속담이 하나 있다. 이 말은 약간 비슷한 문구로 달리 전해지기도 한다. "여기서 저기로 바로 갈 수 없다."(You can't get from here to there.) 피츠버그는 언덕과 터널, 그리고 강과 다리로 이루어진 동네다. 어떤 날에는 주요 간선 도로나 터널, 또는 다리가 공사 중에 있을 수 있다. 또는 세 개의 강 중에 하나가 물이

둑 위로 넘쳐흘러서 출구나 경사로가 폐쇄되기도 한다. 펜실베니아주를 상징하는 나무는 오렌지색과 하얀색으로 된 공사 표지판이라는 말까지 있을 정도다! 그리고 이 세 개의 강들로 인해서, 모든 지형이 삼각형으로 나뉘게 된다. 내가 가고 싶은 곳이 있어도 여기서 저기로 바로 갈 수 없는 것이다.

아마도 피츠버그에서의 운전에 상응할 만한 성경의 이야기는 누가복음 24장 5절일 것이다. 여인들이 그들이 준비한 향품을 들고 예수님의 무덤으로 왔다. 무덤 입구에 놓인 돌이 굴러 옮겨진 것을 본 그 여인들이 놀라는 것은 당연하다. 무덤에 들어간 그들은 예수님의 시신을 볼 수 없었다. 당황한 여인들은 갑자기 두 남자가 찬란한 옷을 입고 그들 곁에 서 있는 것을 발견했다. 그리고 두려움이 가득해서 얼굴을 땅에 대고 엎드렸다. 남자들이 그 여인들에게 물었다. "어찌하여 살아 있는 자를 죽은 자 가운데서 찾느냐?" 그들은 잘못된 장소에서 예수님을 찾고 있었던 것이다. 여인들은 예수님을 찾고 싶어 했다. 그러나 그들에게는 비록 어디에서 예수님을 발견할 수 있는지 안다고 하더라도, 자신들을 예수님 계신 곳으로 데려다 줄 진입로가 없었다. 그들에게 익숙한 삶의 틀에서 볼 때, 그들은 이곳에서 저곳으로 이동할 수 없던 것이다. 신앙의 로드맵은 아직 펼쳐지지 않고, 아직 일어나지 않은 사건에 비추어서 완전히 다시 작성되어야 한다. 여인들은 빈 무덤에서 부활하신 주님께로 갈 방법을 몰랐다. 주께서 그들과 만나시기 전까지 천사들이 물은 질문에 아무런 대답을 할 수 없었다.

**피츠버그에서 엠마오 도상으로 신앙의 로드맵이 재작성되어야 할 필요**

성은 예루살렘에서 엠마오로 가는 10킬로미터의 여정을 걷던 두 제자들에 관한 잘 알려진 기록에서 이야기 형태로 제시된다. 그들은 예수님의 체포와 재판, 처형에 대해서 이야기를 나누고 있었다. 그 길을 가는 중간에 부활하신 예수께서 그들과 동행하셨다. 분명히 하나님의 역사로 인해 그들은 예수님을 바로 알아볼 수 없었다. 육신을 입으신 그분을 특징짓는 익명성은 또한 그분의 외양을 특징짓는다고 할 수 있다. 예수께서는 그 두 제자가 무슨 이야기를 하는지 물어보셨다. 의심할 것도 없이, 너무도 무지한 사실에 놀란 제자들 중 한 명인 글로바는 지난 며칠간 일어났던 사건을 모르는 그분에게 당신만 예루살렘의 유일한 나그네냐고 물었다. 이 물음에서 나사렛 예수의 체포와 재판, 그리고 처형은 톱 기사였다는 사실이 전제된다. 이른바 예루살렘 장안의 화제였던 것이다. 그들은 그 여행 동반자에게 지난 며칠간 일어났던 사건들과 누가 처형을 당했는지 설명해주었다. 펼쳐진 사건들을 설명하면서 그들은 슬픔에서 혼란으로 옮겨졌다. 그들은 예수님이 이스라엘을 구원할 분이시라고 희망했다. 그뿐 아니라 그들은 죽은 선지자의 몸에 향품을 바르러 갔던 몇몇 여인들이 빈 무덤을 발견했다는 사실도 말했다. 더욱이, 그 여인들은 이 예수께서 살아나셨다고 말하는 두 천사와 대화를 가졌다고도 한다. 여인들에게 그런 이야기를 들은 뒤 다른 몇몇 사람들이 무덤으로 가 보았다. 그들 또한 무덤이 비어있음을 발견했다. 모두가 혼란에 휩싸였던 것으로 보인다.

이제 이 이야기에 예수님의 극적인 말씀이 삽입된다. "미련하고 선지자들이 말한 모든 것을 마음에 더디 믿는 자들이여! 그리스도가 이런 고난을 받고 자기의 영광에 들어가야 할 것이 아니냐?"(눅24:25-26) 예수님은 그 두 제자에게 더 이상 참기 힘드셨던 것으로 보인다. 그럼에도 불구하고, 그분은 자신의 오실 길과 이어질 역사를 예비했던 이스라엘을 향한 하나님의 언약 역사를 설명하기 시작하셨다. 그러나 이 모든 것에도 불구하고 여전히 두 제자는 예수님을 알아보지 못했다. 그분은 익명으로 남아 계셨다.

설명이 끝나고, 예수님은 마을에서 더 가려고 하셨다. 자신들의 여정 동반자가 누구인지 모르는 상황에서 그를 환대하려는 마음에서, 두 제자는 예수님께 그들과 함께 저녁 식사를 나누고 손님으로 그곳에서 유하시기를 청했다. 식탁에서 예수님은 갑자기 친숙한 의식을 거행하셨다. 그분은 떡을 취하사 축사하시고 떼어 제자들에게 주셨다. 그들의 눈이 열리고 예수님을 알아보게 되었다. 그때 예수님은 그들의 시야에서 사라지셨다. 그들은 예수님이 성경을 그들에게 설명해주실 때 그들의 마음이 안에서 뜨거웠다고 서로 말한다.

얼마쯤 지나고 이 경험이 진정되면서 그들은 무언가 엄청나게 중대한 사건이 일어났음을 깨닫기 시작했다. 비록 그들이 파악하기에는 힘든 범주의 사건이었지만 말이다. 이 두 사람이 당시 느꼈을 전율과 혼란, 놀라움, 충격, 어지러운 흥분이 어땠을지 가히 짐작이 간다. 분명히 그들 인생의 모든 것이 완전히 뒤집혀진 것이다. 그들은 즉각적으로 반응해야 할 필요성을 느끼면서 몇 가지 방안을 생각했다. 그들은 필히 피곤했을 터임에도 불구하고 곧바로 일어나서 다시 10킬로미터를 걸어서 예루살렘의 열한 제자와 동료들이 모여 있는 집으로 돌아갔다. 그들은 자신들의 경험을 이야기했다. 자신들의 여정 동행자가 성경을 풀어 가르치시고 떡을 떼시며 마침내 그들이 그의 정체를 갑작스럽게 알게 되었다고 말해주었다.

이러한 일들이 진행되는 동안 이야기를 가로막는 사건이 일어난다. 예수님이 친히 갑작스럽게 그들 가운데 서 계셨던 것이다. 이는 낯선 사건이 익숙한 일 속에서 돌출한 것이다. "너희에게 평강이 있을지어다."라고 예수께서 말씀하셨다. 그러나 제자들은 놀랐고 두려워했다. 왜냐하면 그들은 유령을 보고 있다고 생각했기 때문이다. 예수께서는 자신임을 그들에게 다시 확신시켜 주셨다. 그러나 그들은 기뻐하면서도 여전히 믿지 못하고 있었다. 먹을 것을 찾는 평범한 요청은 곧 익숙한 일이 낯선 사건 속으로 침투하는 것이다.

이야기 전개를 중단하고 두 가지의 중요한 요점을 다시 주목해야겠다. 첫째로, 제자들은 부활 사건 그 자체를 경험한 것이 아니라 부활하신 예수님을 경험했다. 이는 실로 매우 중요한 점이다. 그러한 까닭에 제자들에게는 당시 벌어지고 있는 사건을 이해할 개념적 틀이 형성되어 있지 않았다. 주께서 제자들의 마음을 여시기 전까지 그들은 이해의 과정에 들어서지 못했다. 둘째로, 제자들은 예수님이 살아계심을 알았다. 왜냐하면 그들과 대면하신 분이 바로 주님이셨기 때문이다. 여기서 우리가 주목해야 할 점은 부활 사건이나 또는 명백하게 부활한 사람의 외양을 설명하거나 이해시켜줄 형이상학이 아니다. 여기서의 초점은 그들 가운데 계신 살아계신 주님과의 인격적 대면이다. 이 인격적 대면을 통해 그들은 남은 생에서 예수께서 무덤에서 살아나셨다는 진리의 증거자가 된 것이다! 이러한 일이 어떻게 발생했는가 하는 것은 심지어 인과 관계의 질문도 아니다. 다만 이 사건이 요구하는 것은 제자들이 여기서 저기로 옮겨가기 위해서는 신앙의 로드맵을 완전히 재작성해야 한다는 사실이다.

## 두 번째 걸음: 목회 로드맵의 재작성

성 토요일 분위기의 사역에서 부활 주일 분위기의 사역으로 옮겨가기 위해서 우리 또한 신앙의 로드맵을 다시 작성해야 할 것이다. 특별히 우리는 목회의 로드맵을 재작성할 필요가 있을 것이다. 두 번째로 취해야 할 걸음을 제안하겠다. 이는 로드맵의 재작성이 필요함을 기꺼이 인정하는 자세다. 우리는 이 점에 있어서 구체적이어야 한다. 만일 첫 걸음인 예수님과 함께 해야 할 필요성이 결정적이라면, 이 두 번째 걸음은 시급하다. 만일 우리가 이 두 번째 걸음을 내딛기를 거부한다면, 성 토요일의 계속되는 분위기 속에서 이루어지는 목회는 조만간 다음의 이유에서 우리를 탈진시키며 활기를 빼앗고 침울하게 만들 것이다. 즉, 신앙과 사역의 핵심에 있는 실체에 충실하지 않기 때문이다. 그 핵심은 바로 **예수께서 살아계신다**는 사실이다.

재작성에는 고통이 따른다. 텅 빈 컴퓨터 화면을 마주하고 앉아서 무언가를 쓰기 시작해 본 사람이라면 누구나 재작성은 언젠가 필요함을 알 것이다. 예를 들어, 설교문은 쓰고 고쳐 쓰는 수고를 요한다. 공 예배를 위해 잘 준비된 기도문은 작성 및 재작성을 거쳐야 한다. 기독교 신앙의 중심 주제들에 관한 숙고 또한 재구성되어야 하며, 때로는 심지어 우리 생각의 변화가 요구되기도 한다.(롬12:2) 우리는 하나님의 일을 어렴풋이 파악한다. 따라서 오직 깊은 연구를 통해서 우리는 하나님의 일을 다소 덜 어렴풋이 파악할 뿐이다. 우리의 영적인 삶은 종종 취약하고 뿌리가 얕기도 하지만 간헐적으로 새 힘을 얻고 다시 뿌리를 다져야 할 필요가 있다. 아마도 어떤 의미에서 우리는 때로 재 회심(reconversion)의 필요성을 말해야 할 수도 있다. 적어도 회개의 열매인 재 헌신(recommitment)은 때마다 정기적으로 우리의 관심을 요청할 것이다.

우리가 성 토요일의 분위기에 사로잡혀 있다면, 목회의 로드맵은 다시 작성되어야 할 필요가 있다. 그리고 여기에는 상당한 수고가 수반된다. 방황, 현장에 대한 분별력 있는 판단의 결여, 취약한 신학적 기반에서 시작하고는 한계에 갇힌 사역, 영적인 태만기, 과도한 기대들의 부담 등의 어떤 이유에서건, 목회는 정기적으로 재성찰의 과정을 거쳐야 한다. 이러한 이미지들은 또한 목회에도 적용된다. 목회 또한 다시 작성되고, 다시 구성되며, 다시 힘을 얻고, 다시 뿌리를 다져야 한다. 다소 어렵고, 아마도 무서운 질문들을 보면 일종의 불안감이 엄습했기에 무언가 시급하게 손을 써야 한다는 느낌이 든다. 일주일에 50시간 동안 무엇을 해야 하나? 왜 설교 준비가 그처럼 수고로운 노동이 되었는가? 안수 받던 날에 느꼈던 그 열정과 소망은 어디로 간 건가? 내가 애쓰지 않으면 아무 것도 변하지 않는단 말인가? 교인들을 향해 느끼는 이 분노는 어디에서 온 걸까? 내 기도는 도대체 뭔가? 내가 마지막으로 읽은 신학 서적, 나에게 동기를 부여하는 책, 하나님에 관한 내 생각에 변화를 주는 그런 의미있는 책을 읽었던 때가 언제였나? 사역을 위한 실용적 기술을 개발할 수 있는 또 다른 책을 읽으면 모든 걸 되돌릴 수 있다고 정말로 생각하는 건가? 왜 나는 늘 지쳐있는 걸까?

이러한 질문들은 물론 단지 예로 든 것 뿐이다. 하지만 목회는 마치 성 토요일의 분위기에 갇혀 있는 것 같은 느낌이다. 즉, 정말로 목회의 새로운 틀이 시급하게 필요한 상황이다. 핵심적 문제, 아마도 두려운 문제는 성 토요일에는 기독교 신앙이 없으며 기독교 사역을 위한 가능성이 없다는 점이다. 왜냐하면 이 시점에 우리 모두 안에 있는 예수는 죽은 도덕적, 종교적 영향력에 불과하기 때문이다. 그분은 단지 일반화된 종교적 기억과 자극의 구체적인 한 가지 예로서만 '살아 계시기' 때문이다. 신앙은 더 이상 그러한 상황에 적용되지 않는다. 심지어 그 다음 날에 무슨 일이 일어났는지를 알면서도, 우리가 성 토요일의 분위기에 여전히 갇혀 있다면, 우리는 우리 자신을 부활주님의 기쁨과 소망으로부터 분리시키고 있는 것이다. 이 시점에서는 모든 것이 우리가 하기에 달린 것처럼 보이기 때문에 우리는 그저 짊어져야 할 거대한 짐만 안고 있는 셈이다. 그러니 우리가 늘 피곤한 것도 그리 놀라운 일은 아니다.

나는 목회 신학의 고전 문헌들을 강독하는 내 수업을 들었던 한 학생을 기억한다. 그는 여러 교역자들을 거느린 큰 교회의 현직 목사였으며, 파트타임으로 신학교 학업을 끝내는 중이었다. 그는 수십 년 동안 목회 사역에 종사해왔다. 이 수업에서 우리는 함께 나지안주스의 그레고리(Gregory of Nazianzus), 존 크리소스톰(John Chrysostom), 그레고리 대제(Gregory the

Great), 마틴 부처(Martin Bucer), 리챠드 백스터(Richard Baxter)의 저작들을 읽었다. 그 학생이 내게 말한 바에 비추어 판단해 보건대, 학기 초에 그는 자신의 사역에 그리 큰 문제가 없다고 생각했다. 그래서 괜히 힘들게 고대의 목회 문헌들을 읽는 과목에 대해서 기대를 갖지 않은 것이 분명했다. 그러나 그는 이러한 고전들을 읽어가면서 서서히 새로운 안목을 형성하게 되었다. 자신의 목회에 신학적이며 영적인 중심이 부재함을 깨달은 것이다. 학기 중간에 이르러 그는 동요하게 되었으며, 위기는 깊어졌다. 학기말에 그가 내게 제출한 과제물에서 그는 한편으로 볼 때 무미건조하고 실용성도 없을 4세기, 6세기, 16~17세기의 사역을 대표하는 이 책들이 어떻게 자신의 눈을 열어서 목회에 대한 새로운 관점을 형성시켜 주었는지를 적었다. 그의 보고서는 오래 전에 죽은 목회의 대가들과 나눈 대화에서 비롯된 사역을 위한 로드맵의 재작성인 셈이다. 그는 자신의 중심과 신학적 정체성, 그리고 소명을 다시 한 번 발견한 목회자로서 그 과목을 끝냈다.

### 중심적 관점: 중심적 역설

예수님의 부활은 신약의 중심적 관점이다. 이는 만물을 앞뒤로 조망하는 렌즈이기도 하다. 구속의 이야기는 한때 죽으신 예수께서 이제는 새로운 방식으로 다시 살아 계신다는 확신에서 기록되었다. "그리스도께서 다시 살아나신 일이 없으면 너희의 믿음도 헛되고….."(고전 15:17) 우리에게는 "예수 그리스도를 죽은 자 가운데서 부활하게 하심으로 말미암아 우리를 거듭나게 하사 산 소망"(벧전1:3)이 주어졌다. 우리가 예수의 부활에 참예함으로 우리는 새 생명 가운데 행하게 되었다(롬6:4). 마찬가지로, 예수님의 부활은 교회의 신앙고백에서 중심적 위치를 갖는다. "사흘 만에 다시 살아 나사…." 기독교 신앙은 성령에 의해 살아계신 주님을 믿는 신앙이며, 그분과의 관계이며, 그분의 사역을 공유하는 것이다. 우리는 이 모든 말이 무엇을 의미하는지 여러 각도에서 부활하신 예수님을 살펴보면서 좀 더 이해하고자 할 것이다. 하지만 이는 쉬운 과제가 아니다. 한 가지 어려움을 간략하게 살펴보자.

예수님의 부활이 갖는 중요성과 중심성은 과장해서 진술되기 어렵다. 그럼에도 불구하고 우리가 여기에서 다루어야 할 것은 사실상 한 사건이 아니라 한 인격이다. 그리고 이는 그분에 관한 우리의 생각을 더욱 어렵게 만든다. 기껏해야 적절히 이해된 교회의 신앙고백들이 공생애 기간 동안 예수님의 인격적 정체성이 지니는 중심적 신비를 고백하고 보호할 수 있는 정도였지만 깔끔하게 정의내리기란 여전히 어렵다. 분명히 예수님의 인간됨에는 경험적 요소가 있기 때문에 인간의 경험이나 정체성과 유사한 측면에서 그분의 인격적 정체성을 이해할 수 있는 근거가 있다. 하지만 그분이 성부와 동질적 일치(consubstantial)를 이루고 있다는 우리의 고백에는 여전히 가장 심오한 신비가 남겨져 있다. 그럼에도 불구하고 부활하신 예수님에 관한 우리의 모든 개념적 범주들은 낱낱이 벗겨진다. 이제 우리의 세속적 사고방식은 산산조각난다. 왜냐하면 부활, 또는 더욱 나은 표현으로 부활하신 주님은 인간의 모든 구상을 넘어서기 때문이다. 분명히 빈 무덤은 경험상 부활과 상관되어 있다. 그러나 빈 무덤이 부활하신 예수님에 대한 우리의 이해를 충족시키지는 못한다. 이를 한 가지 관점에서 설명하자면 다음과 같다. 주님의 나타나심에서 우리는 한 몸(a body)과 대면한다. 의심할 바 없이 예수님은 몸을 입으셨다. 이는 우리의 시공간 경험에 종속되지 않는다. 이는 피조계의 시간과 공간에 대한 우리의 이해 안에서 설명될 수 없다. 문제는 우리가 불가능한 것을 생각해야 한다는 것이 아니라, 말로 형용할 수 없는 것을 생각해야 한다는 점이다. 만일 우리가 공간과 시간을 우리가 그 안에 갇혀 살며 생각하는 상자로 간주한다면, 부활하신 예수님에 관한 생각은 말 그대로 그러한 상자 밖에서 생각하는 것이다.

따라서 여기에 우리가 부활하신 예수님에 관해 생각하고자 할 때 마주해야 할 중심적 역설이 있다. 그분은 모든 기독교 신앙을 결정짓는 중심적 관점이 되신다. 그러나 우리에게는 아직 그분을 표현할 만한 인간적 사고 범주가 없다. "부활하신 예수는 ~와 같다"고 하는 문장은 완성될 수 없다. 쉽게 말해서 우리 앞에는 풀어야 할 문제가 아니라 경외해야 할 신비가 놓여있다. 그리고 이는 진실한 고백이다. 최소한 이는 우리로 하여금 경이와 신비 속에 무릎을 꿇게 할 것이다.

### 부활하신 예수님에 관해 말하기

하지만 이 시점에서 우리의 무능함이 문제의 끝은 아니다. 일반적으로, 하나님에 관해서 신실하게 말하려는 것은 결코 사소한 사안이 아니다. "그런즉 너희가 하나님을 누구와 같다 하겠으며 무슨 형상을 그에게 비기겠느냐?" "거룩하신 이가 이르시되 그런즉 너희가 나를 누구에게 비교하여 나를 그와 동등하게 하겠느냐?"(사40:18, 25) "아버지 외에는 아들을 아는 자가 없고 아들과 또 아들의 소원대로 계시를 받는 자 외에는 아버지를 아는 자가 없느니라."(마11:27 밑줄 표시는 저자의 강조) 다른 한편으로, 기독교 신앙에서 우리는 하나님이 자신을 피조물인 우리의 사고방식과 대화방식에 적응시켜 내어주심으로 우리로 그를 알게 하셨음을 믿는다. 그러므로 이사야서의 본문은 "말씀이 육신이 되어 우리 가운데 거하시매"(요1:14)라는 요한복음의 중심적 고백과 바른 균형을 이루게 된다. 그래서 마태복음 11장 27절 중간에 "아들의 소원대로 계시를 받는 자 외에는…." 이라는 문구가 들어있는 것이다. 말하자면 이는 마치 예수께서 그의 손으로 우리를 붙드시고 우리를 성부에 관한 지식과 성부의 말씀으로 인도하시는 것과 같다. 또는 다른 이미지를 사용하자면 예수께서는 자신과 하나님을 우리의 생각 속으로 말씀하시는 것이다. 아이가 자기 부모가 하는 말을 듣고 말하는 법을 배우듯이, 우리도 예수님의 말씀을 듣고 그분에 관해서, 그리고 더 중요하게는 하나님에 관해서 적절하게 말할 수 있는 것이다. 말하자면 예수님은 그분에 관한 우리의 언어 형태로 자신을 말씀하신다.

예수께서는 공생애 기간에 드러내어 말씀하셨다(spoke forth). 예수께서는 또한 부활과 승천의 40일 동안에도 친히 드러내어 말씀하셨다. 예수께서는 오늘도 승천하신 주님으로 드러내어 말씀하신다. 지금도 피조계의 시공간 범주에 의해서 제한받지 않으신다. 그분은 성령에 의해 친히 말씀하시며, 특히 설교의 선포를 통해서 말씀하신다. 예수께서는 또한 그분이 모든 것을 통일시키고 그것들을 성부께 드리는 마지막에 (즉, 종말에 *eschatos*) 친히 말씀하실 것이다. 그러므로 신학적 언어표현은 성령을 통하여 자신을 친히 증언하시고 그분 안에 유일한 근거를 둔 우리의 생각과 개발된 언어 표현이라는 구조 안에서 우리를 회심케 하시는 예수님께 기반을 둘 때 가능해진다. 이는 또한 바울이 우리에게 그리스도의 마음을 가졌느니라(고전2:16)고 말할 때 의미하는 바이기도 하다. 따라서 우리는 부활하시고 승천하신 주님에 관해 말할 수 있다. 그러한 표현이 친히 자신을 증언하시는 부활의 주님이 우리에게 말씀하시기에 우리가 말할 수 있음을 인정하는 우리 자신의 '합리적 예배' (rational worship 롬12:1-2)인 것이다.

부활하신 예수님에 관한 언어 표현은 고백적 언어이며 신앙의 언어다. 우리가 기댈 수 있는 외부의 참조나 독립적 근거는 없다. 신앙은 신앙에 말한다. 그리고 오직 성령께서 다른 이가 들으려 할 때에 귀를 열어주신다.(시40:6 참조)

### 세 번째 걸음: 신학자가 되라

지금까지의 논의는 우리에게 성 토요일 분위기의 사역에서 부활 주일 분위기의 사역으로 옮기는데 필요한 세 번째 걸음을 제시하게 된다. 그것은 신학자로서의 책임을 가지라는 것이다. 언뜻 보기에 이는 아주 구체적인 조언으로 여겨지지 않을 수 있다. 그러나 부활하시고 승천하신 주님을 알고, 또한 그 지식으로부터 복음을 가르치고 설교하는 책임을 다함에 있어서, 우리의 생각은 유능하고 사려 깊고 학식 있는 신학에 비견할 만한 것으로 채워져야 한다. 우리는 신학함의 과정이 없이는 사역을 실천할 수 없다. 따라서 다른 이들도 말한 얘기를 반복해서 말한다면, 만일 당신이 신실한 목회자가 되길 원한다면 진지하게 숙고하는 신학자가 먼저 되라.

초기 교회의 신학자인 에바그리우스 폰티쿠스(Evagrius Ponticus)는 말하기를 신학자는 기도하는 사람이라고 하였다. 기도에 관해서 넓게 생각해보자. 기도는 우리가 하나님께 말하는 것을 넘어선다. 기도를 하나님께서 우리에게 말씀하시는 바에 주의를 기울이는 것으로 생각해보자. 그러면 아마도 경구를 바꿔 써야 할 것이다. 즉, 신학자는 하나님께 귀 기울이는 자이며, 그와 같은 귀 기울임을 통하여 신실하게 생각하고 말하는 자다. 가장 넓은 의미에서 신학의 첫 번째 과제는 기도하는 것이다.

칼 바르트(Karl Barth)는 그의 역작인 「교회교의학」(Church Dogmatics)의 앞부분에서 교의학을 교회가 복음에 입각한 설교를 하는지를 시험하는 일이라고 정의하였다. 이는 우리가 논의하는 바의 핵심을 바로 가리킨다. 신학의 작업이 없이는 우리가 구사하는 설교의 기술이 어떻다 할지라도 그 설교는 게을러진다. 나는 사람들이 바르게 해석된 성경 본문을 듣고 싶어 하거나, 들을 필요가 있다고 생각하지 않는다. 그들은 자신들의 삶을 인도해 줄 상담이나 조언을 원하거나 필요로 하는 것도 아니다. 그들은 듣기 편하고 적절한 예화를 갖춘 설교 전달을 원하거나 필요로 하는 것도 아니다. 더욱 근본적인 그 무엇이 요청된다. 그것은 바로 사람들이 설교를 통해서 자신들과 대면하시는 하나님을 원하며 필요로 한다는 사실이다.

그러므로 우리에게 요구되는 것은 사람들을 위하여 하나님께 헌신함으로 우리가 하나님의 도움으로 신학자가 되는 일이다. 경건한 신학자가 되기 위해서 우리는 때로 사무실을 나와서 연구실로 가야 한다. 우리는 신학의 과제를 위하여 (일부) 모임들도 버려야 한다. 우리는 더욱 위대한 선포 사역을 위해서 조금은 덜 바빠져야 할 것이다. 우리는 우리가 안수받을 때에 부름 받은 소명을 회복해야 할 것이다. 그것은 말씀과 성례를 힘과 지성과 상상과 사랑을 다해 수행하는 일이다.

### 부활: 예수께 일어난 유일무이한 사건

우리의 논의 주제는 부활 그 자체가 아니라, 부활하시고 승천하신 예수님이다. 그분은 지금 우리와 마주하시는 주님이시다. 부활은 예수님께 일어난 특별한 사건인 한에서만 궁극적인 관심의 대상이 된다. 이는 유일무이한 한 인물에게 일어난 유일무이한 죽음의 결과로 말미암은 유일무이한 신학적 사건(하나님 사건)이다. 나는 부활에 관해서 다른 방식으로는 관심이 없다. 다섯 가지의 요점을 간략히 정리함으로 이에 대해서 좀 더 설명해보자.

첫째, 예수님의 부활은 새로운 창조인 독보적 사건이다. 이는 예수님의 시대에 바리새인들이 예를 들어 설명했던 식의 가능성 있는 인간 경험의 일반적 범주로 간주되지 않는다. 이는 성부와 성자의 관계 안에서 일어난 유일무이한 사건이며, 따라서 지금도 신성의 삼위일체적 신비에 싸여있다. 우리가 인지하는 대로 역사 속에서는 오직 한 번의 부활만이 있었다. 바로 예수님의 부활이다. 신앙고백의 "몸이 다시 사는 것을 믿사오며…"라는 낭송은 우리에게 기독교적 소망의 목표가 되는 일반적 지향점이기 전에 구체적으로 예수님을 가리키는 것이다. 우리의 부활이라는 일반적 부활을 위한 기반이 되는 것은 그분의 부활이라는 특정한 사건이다. 이는 거꾸로 성립되지 않는다. 말하자면, 우리의 미래 부활은 모든 면에서 예수님의 부활과 그분과 연결되어 있기 때문에 오직 그러한 기초 위에서만 가능하다.

둘째로, 예수님의 부활과 더불어 완전히 새로운 무언가가 역사 속으로 진입했다. 부활하신 예수님의 현현은 시간과 공간 속에서 발생했다. 그러므로 예수님의 부활에는 견고한 역사성이 있다. 그렇다고 해서 이러한 사건들은 역사를 구성하는 일련의 사건들에 속하지 않는다. 그런 의미에서 우리는 그와 같은 차원에서 부활을 이해할 수는 없다. 역사 속의 다른 모든 사건에서 반드시 존재해야만 하는 과정이나, 우발적 인과관계는 여기에 없었다. 우리는 단 한번 일어났던 사건에 한정되어 있다. 이러한 독보성은 어떤 의미에서 역사의 종말을 의미한다. 즉, 원인과 결과의 연속이 마감된 것이다. 이제부터 역사에 지금까지는 가능하지 않았던 소망의 새로운 지평이 열린 것이다. 말하자면, 이제로부터의 역사는 부활하신 예수 안의 중심으로부터 이해되어야 한다. 이전의 역사 개념에서 부활하신 예수를 상정해서는 안 된다. 그것은 결코 불가능하다. 이는 역사에 대한 우리의 관념에서 일대 혁명을 일으킨다. 이 문제에 관해서는 나중에 좀 더 논하게 될 것이다.

셋째로, 부활은 예수님의 인격적 경험의 일부로 간주되어야 한다. 부활로 말미암은 새로운 생명은 과거에도 그랬고, 지금도 그 생명의 일부다. 따라서 부활한 생명으로서 그의 생명은 그의 지속적인 미래 역사의 일부다. 아마도 우리는 부활이 육신을 입으신 예수님의 새로운 생명 경험의 기반이라고 말해야 할 것이다. 왜냐하면 그분의 새로운 생명 경험은 육신 뿐 아니라, 궁극적으로는 사실상 그분과 (그리고 우리의) 과거 인간됨의 경험을 완전히 초월하는 인성을 지니셨기 때문이다.

넷째로, 예수님의 육체적 부활 사건이 인간의 몸을 입으셨고 그 몸을 계속 지니고 계시지만 현재 우리가 경험하는 피조계의 시간과 공간의 제약을 받지 않으신다는 의미에서의 독보성 때문에 모든 내세 이론들은 아무런 유익이 없으며 신학적 관심사도 되지 못하며 기독교적 사고에서 분명히 어떠한 위치도 차지할 수 없다. 예를 들어, 신약 성경은 예수님의 육체를 이탈한 영혼이 부패해가는 시신을 떠나 (슬롯머신 이론 속의 천사 마냥) 어디론가 날아갔다고 가르치지 않는다. 부활하신 예수는 과거에도 육신을 입으셨고 지금도 입고 계신 인격이다. 부활 후 40일간의 증언은 비록 복합적이긴 하지만 의심할 바 없이 바로 예수님의 부활하신 육체성의 깊은 신비를 보여주었으리라는 게 내 주장이다.

내가 방금 말한 내용에 대해서 설명을 덧붙이겠다. 나는 지난 수년간 몸의 부활은 종종 많은 사람들에게 충격적인 개념이기에 잠시 그 문제를 꺼내기만 해도 아주 심한 거부감을 보이는 경우가 많음을 발견했다. 아마도 다른 이들은 몸의 부활에 대해서 들어도 그 의미를 파악하지는 못하는 것 같다. 내가 가정하는 바로, 어떤 경우이든지 문제가 되는 것은 영혼의 불멸성이라는 교리가 서구인들의 사고에 아마도 뿌리 뽑을 수 없을 만큼 단단히 박혀 있기 때문인 것 같다. 예수님의 몸의 부활이 갖는 독보성과 그 의미는 죽음 이후의 삶에 관한 우리의 모든 현존하는 개념들을 의문에 부친다. 이는 단순히 불편한 담론의 주제가 아니다. 죽음 이후의 전망, 또는 죽음 그 이후의 삶은 불안과 두려움으로 가득 차 있다. 짐작컨대, 많은 사람들은 자신들의 종말론적 안일함이 흔들리는 걸 원치 않는 게 당연할 것이다. 영혼의 불멸성이라는 사상이 기독교 교리로서 생존하려면, 이는 구체적인 기독교적 의미에서, 즉 육신을 입은 기독론이라는 관점에서 아주 철저하게 검증되어야 한다.

다섯째로, 예수님의 부활은 그분의 사역이 새로운 방식으로 사실성을 갖게 됨을 의미한다. 주체는 동일하신 예수님이지만, 부활은 그분을 위한 새로운 사역이 도래했음을 의미한다. 이는 내용이나 목표에 있어서 예수님의 공생애 사역과 다른 사역이 아니다. 하지만 이는 다른 종류의 사역이다. 왜냐하면 그분은 성령 안에서 지금 우리에게 현존하시기 때문이다. 이제 최소한 우리가 경험하고 이해하는 방식과 같이 육신으로 부활하신 그분을 구속할 공간적, 시간적 제약은 존재하지 않는다. 더욱이 그분의 미래에는 과거 그분이 이 땅에 사셨을 때와 같은 사망은 없다. 그리고 땅에서와 같이 또한 그분이 성령의 수혜자이셨던 것과 같이 이제 하늘에서도 그분은 성령으로서, 그리고 성령을 통하여 자신을 성부로부터 친히 내어주는 분이시다. (서구 교회의 필리오케 *filioque* 교리 〈성령께서 '성자로부터도 나왔다'는 삼위일체의 교리—역주〉는 동방 교회가 이 점에서 결여하고 있는 성령의 보내심에 기독론적 차원과 내용을 제공하는 것으로 보인다.) '성부로부터, 성자를 통하여, 그리고 성령 안에서'라는 교리는 이제 교회 사역의 기반이라 할 수 있다. '성부께로, 성자를 통하여, 그리고 성령 안에서'는 이제 교회 사역의 목표라 할 수 있다.

하지만 이 다섯 가지 주장들은 조율될 수 있다. 지침을 얻기 위해, 내 자신의 개혁주의 전통에 근거해서 나는 신중한 접근을 당부했던 장 칼뱅의 다음과 같은 문장을 기쁘게 받아들인다. 칼뱅은 이렇게 썼다. "부활의 방식을 제안하기 위해서는 이 언어를 사용한다. 왜냐하면 바울은 그것을 '신비'라고 부르면서 우리에게 절제할 것을 권하며 너무 자유롭고 정교하게 철학화하는 것을 금했기 때문이다."(「기독교 강요」 3권 25장 8절) 우리 또한 이 주제를 절제와 겸손과 존중 속에서 다루어야 한다. 이와 같은 천상의 행위에 대해서는 주 예수를 의지하며 말해야만 가치가 있기 때문이다.

# 2장

# 승천에서 시작하라: 우리와 대면하시는 주님

1장에서 나는 성 토요일 분위기의 사역에서 부활 주일 분위기의 사역으로 옮기는데 있어서 취해야 할 세 가지 걸음을 제안했다. 이 장에서 나는 이런 걸음들은 성령 안에서 첫 걸음을 먼저 내디디신 주님께 대한 응답임을 강조하고자 한다. 그분은 우리와 대면하신다. 하나님께서 다른 이들과 관계하시는 것처럼 우리와도 관계하신다. 우리는 살아계신 주님께서 우리의 삶에서 성령을 따라 역사하실 때에 다시 또 다시 하나님과 대면하게 된다. 우리는 다른 식으로는 사역에 들어설 수 없다는 것이 내 주장이다. 우리 모든 이들은 사역으로 부름받은 경험을 회상할 수 있을 것이다. 그 때의 상황과 관련된 사람들, 검증 과정, 아마도 저항과 오랜 시간의 준비 등…. 우리는 또한 하나님께서 우리를 통해서 역사하신다는 지속적인 느낌을 회상할 수 있을 것이다. 신앙의 눈으로 우리는 기적과 변화된 삶, 사람들이 복 받는 모습을 목격한다.

하지만 이의 다른 측면은 하나님께서 항상 우리와 관계하지 않으시는 것처럼 느낀다는 점이다. 신앙의 기쁨은 의심과 마주하게 된다. 신학적인 명료성을 추구하던 시기는 물러나고 하나님을 아는 지식은 더욱 더 희미해지는 시기가 찾아온다. 목회 사역을 하다보면 하나님이 우리의 책임 수행으로부터 한참 떨어진 것 같은 때가 있다. 설교의 자원은 거의 소진된 것처럼 보인다. 우리는 권태감으로 인해 고통을 겪기도 한다. 우리의 설교와 가르침과 상담에도 불구하고 교인들에게서는 별다른 변화가 일어나지 않는다. 기적이 일어날 조짐은 더 이상 없다. 우리가 이러한 기분을 느낄 때, 우리는 성 토요일의 분위기와 경험에 갇혀 버린 것이다.

이러한 상황을 놓고 우리가 해야 할 말은 하나님이 행동하심을 기억하라는 것이다. 특별히 예수님 안에서, 예수님을 통하여, 그리고 예수님으로서 하나님은 성령 안에서 행동하신다. 이는 가장 깊은 신비에 싸여있다. 하나님이 살아계신 예수님 안에서, 그분을 통하여, 또한 그분으로서 역사하신다는 것은 신약 성경의 가장 위대한 지배적 내러티브다.

## 예수님은 역사하시는 주님이시다

부활하시고 승천하신 주님이신 예수님은 천국에 팔짱을 끼고 앉으셔서 (칼 바르트의 표현을 빌리면) 우리가 그분이 인정할 만한 종교적인 일들을 하는지 기다리고 계신 분이 아니시다. 예수님은 우리가 신앙과 사역을 바르게 행하길 소망하시는 천국의 치어리더가 아니시다. 그렇다고 예수께서는 우리의 사역 활동에 더 개입하려 하지도 않으신다. 왜 그러실까? 우리의 사역 활동은 구원의 사역이 아니다. 우리는 죽은 자를 일으킬 수 없으며, 죄인을 용서하고, 병든 자를 고치거나 하나님의 통치를 임하게 할 수도 없다. 오히려, 예수께서 자신의 부활의 사역으로 이 모든 일이 일어나게 하신다. 죽은 자를 일으키시고, 죄인을 용서하시며, 병든 자를 고치시고, 하나님의 통치를 임하게 하신다.(이 모든 일은 현재형임을 주목하라!) 그리고 그분은 우리가 이 일에 함께 하길 원하신다. 이러한 역사가 일어날 때 우리는 부활 주일의 분위기 속에서 사역하는 것이다. 예수님은 생명의 부활이시기에(요11:25) 아들이 있는 자에게는 생명이 있다.(요일 5:12) 예수님이 아닌 우리 자신과 같이 잘못된 인물을 강조하게 되면, 재난이 닥친다. 그러면 성 토요일의 분위기에서 사역하는 우리 자신을 발견하게 된다.

바른 강조점 설정을 위해서 유진 피터슨이 한때 '상점 관리'(shop-keeping)라고 불렀던 방식의 사역 이해를 거부하는 것도 도움이 될 것이다.(「균형있는 목회자」*Working the Angles*를 보라.) '상점 관리'를 하는 식으로 교회와 프로그램을 돌리게 되면, 강조점은 우리와 우리 자신의 사역을 위한 실용적 기술 계발 능력으로 옮겨지게 된다. 이는 예수님께서 무슨 일을 하셨으며 우리가 성령 안에서 그분의 사역에 참여한다는 것이 무엇인지에 집중하지 못하게 만드는 현상을 늘 일으킨다. 바로 (하나님에 관해서 신실하게 생각하고 말하기라는 고유한 의미에서의)신학에서 기교로 변질되는 것이다.

마지막 문장에서 내가 전하고자 하는 바가 무언지를 예로 들고, 정반대의 내 관점을 설명하겠다. (다음의 이야기는 다소 신랄하겠지만, 논점을 분명히 담고자

한다.) 내가 소속되어 있는 (미국 장로교단의) 피츠버그 장로회에서는 최근 전
회원들에게 마사 그레이스 리즈(Martha Grace Reese)의 「복음의 해방: 현실 생
활 전도」(*Unbinding the Gospel: Real Life Evangelism*)라는 책을 나눠줬다. 물론 배울
것이 많은 훌륭한 책임은 분명하다. 우리는 지난 몇 년간 비슷한 책들을 선
물로 받아왔다. 그런데 신학 서적들은 한 번도 선물로 받아 본 적이 없다. 그
리스도의 몸된 교회를 하나님을 아는 지식 안에서 세우는데 가치 있는 책으
로 시간을 두고 검증된 책들 말이다. 예를 들어, 아타나시우스의 「성육신에
관하여」(*On the Incarnation*), 바르트의 「교의학 개요」(*Dogmatics in Outline*), 본회
퍼의 「중심이신 그리스도」(*Christ the Center*)와 같은 책들은 왜 주지 않는가?

　　예수님의 현재적 사역과 그 사역에 우리가 참여한다는 사실에 대한 명료
하고 중심을 갖춘 신학적 이해가 없다면, 다른 모든 일은 단지 '상점 관리' 차
원에 머무르고 만다. 의심할 바 없이, 교회론의 차원에서 '상점 관리'는 정말
로 배워야 할 필수적인 기술일 수 있다. 그러한 기술이 결여된다면 우리가
하는 목회활동들은 여러 가지 기능상의 역량 미달로 인해 어려움을 겪을 것
이며, 이는 목회적 무능이라 할 수 있다. 그러나 우리가 삼가야 할 더 깊은 차
원의 무능이 있다. 성령을 통한 예수님의 지속적인 사역에 참여하지 못하는
것이다. 성령의 능력과 복음이 깊이 자리 잡은 저변에서 신앙과 사역은 목
회 경영기법에 의해서 규정되지 않는다. 그 경영 기법이 아무리 덕스럽다 할
지라도 상관없다. 이는 오직 살아계신 예수님의 지속적인 사역에 의해서 규
정된다. 사실상, 목회사역이 진행되고 기교와 프로그램들이 무대 중앙에 올
라서게 되면, 우리는 그야말로 아주 심각한 곤경에 처하게 되는 것이다. 왜

냐하면 살아계시고 역사하시는 예수께서 그를 대신하는 우리의 행동에 의해 자리를 빼앗기신 까닭이다. 우리를 대신하시는 그리스도 예수의 인성이 목회자의 대리적 인성으로 대치된 셈이다! 이러한 경우에 우리는 스스로 '성육신적' 사역을 감당한다고 변호할 가능성이 높다. 성육신은 이미 일어난 사건임에도 불구하고, 우리는 종종 우리를 통해서 성육신이 다시 한 번 일어나야 한다는 책임의식을 느끼는 것이다.

거룩한 토요일 분위기의 목회에서 부활 주일과 승천일 분위기의 목회로 전환하는 것은 예수님을 지금도 역사하시는 주님으로 집중 조명하는 것이며 우리가 아닌 그분이 모든 일의 중심이심을 분명히 하는 것이다. 해석의 근원적 과제는 문서가 아니라, 우리가 마주하는 사람들의 삶과 상황에서 제기되는 다음과 같은 질문이다. "주여, 무엇을 하오리이까? 제가 이 일을 계속한다는 것이 무슨 의미입니까?"

부활 주일과 승천일 분위기에서의 목회에 대한 중심적 관점은 지금도 역사하시는 주님을 인정하는 것이다. 여기에는 두 가지 측면이 있다. 첫째, 우리는 부활하시고 승천하신 예수께서 이제는 성령을 보내셨고, 성령을 통해서 자기 자신을 증거하시기 때문에 부활을 아는 것이다. 둘째, 동일하신 성령께서는 증거만 하시는 것이 아니라 우리를 그분의 계속되는 생명에 동참케 하시고 이를 통하여 그의 부활 사역에 참여케 하신다. 그분이 바로 우리와 마주하시는 역사하시는 주님이시다. 그분이 바로 우리를 자신의 사역에 연합되도록 인도하는 주님이시다.

## 준비에서 대면으로

부활의 신앙과 사역에 대한 우리의 성찰은 예수님의 사역과 더불어 시작된다. 물론 예수께서는 제자들을 그의 죽음과 부활에 동참시키는 새로운 실체를 위해서 준비시키셨다. 공생애 사역의 중간 지점에서 예수께서는 제자들에게 사역의 가장 깊은 신비를 교육시키셨다. "인자가 많은 고난을 받고 장로들과 대제사장들과 서기관들에게 버린 바 되어 죽임을 당하고 사흘 만에 살아나야 할 것을 비로소 그들에게 가르치시되"(막8:31) 이는 명백히 배우고 곧바로 따르기에는 어려운 교훈이었다. "인자가 사람들의 손에 넘겨져 죽임을 당하고 죽은 지 삼 일만에 살아나리라는 것을 말씀하셨기 때문이더라."(막9:31) 다시 말해서, 제자들은 그 가르침이 무엇을 의미하는지 이해하지 못했다. 예루살렘으로 올라가면서 예수께서는 제자들에게 예수님 자신에게 무슨 일이 일어날 것인지를 말해주고 이 특별한 가르침을 세 번째로 가르치셨다.

> 보라, 우리가 예루살렘에 올라가노니 인자가 대제사장들과 서기관들에게 넘겨지매 그들이 죽이기로 결의하고 이방인들에게 넘겨주겠고 그들은 능욕하며 침 뱉으며 채찍질하고 죽일 것이나 그는 삼 일 만에 살아나리라 하시니라. (막10:33-34)

최후의 만찬 이후, 감람산에 오르신 예수께서는 한 번 더 제자들에게 "그러나 내가 살아난 후에 너희보다 먼저 갈릴리로 가리라"(막14:28)고 말씀하셨다.

가장 오래된 사본 일부에서는 마가복음의 결말이 더 짧게 끝나는데 이는 남겨진 상황을 요약하는 것으로 보인다. 흰옷을 입고 빈 무덤에 앉아 있던 젊은 남자로부터 지시를 받은 여인들은 "몹시 놀라 떨며 나와 무덤에서 도망하고 무서워하여 아무에게 아무 말도 하지 못하더라"(막16:8)고 기록되어 있다.

부활의 현현과 더불어 완전히 새로운 일이 역사 속으로 침투하였다. 앞서 선포된 대로 부활의 현현은 살아계신 예수님의 실체를 완전히 새로운 방식으로 알 수 있게 해주었다. 제자들은 자신들이 부활하신 예수님과 대면했음을 증언했다. 신약 성경은 부활과 같은 사건이 일어날 수 있느냐를 질문하는 방식으로 이와 같은 대면의 가능성을 선험적으로 탐구하는데 관심을 두지 않는다.

더군다나 신약 성경은 "그러한 대면이 진실한 기록이라는 사실을 우리는 어떻게 알 수 있는가?"와 같은 식의 인식론적 질문을 던지는 데에도 관심이 없다. 대면은 일어났다. 부활하시고 살아나신 예수께서 알려지셨다. 부활하신 예수님과의 대면이 이 사람들을 변화시켰고, 이를 통해서 예수께서는 세계를 변화시키셨다.

예수께서 승천하시기 전 40일 동안 부활하신 그분을 인격적으로 대면한 사람들이 많이 있었다. 누가복음 24장의 부활 현현에 관한 기록들을 살펴보면, 엠마오 도상의 두 제자가 자신들이 예수님을 직접 대면했다고 믿게 된 것으로 나온다. 그리고 그 만남에 뒤이어 예수께서 친히 열 한 제자와 그들과 함께 한 자들에게 나타나시는 또 다른 대면이 일어났다. 제자들은 예수께서 살아계심을 믿었다. 이는 그들이 주도한 것이 아니라, 예수께서 주도하셔서 그들과 인격적으로 대면하셨기 때문에 가능했다. 이러한 확신적 경험은 부활하신 주님의 자기 증언에 유일한 기반을 두고 있다. 이는 신앙에 대한 우리의 이해에 큰 의미를 함축하고 있다.

### 대면으로서 계시의 의미: 신앙은 나와 너의 경험이다

예수님은 이러한 신앙으로 제자들을 준비시키셨다. 그러나 그 가르침 자체만으로는 충분하지 않다. 신앙은 '머릿속의 지식'이나 하나님에 '관한 지식'에 국한되지 않는다. 마찬가지로, 신학은 신학시험을 통과하기 위해서 책을 통한 배움에 한정되지 않는다. 신학은 하나님을 아는 참된 지식으로서, 이는 다른 사람들이 하나님에 관해 말하는 바를 통해서 얻게 되는 간접적 지식이 아닌 직접적으로 하나님을 아는 것이다. 신학적 앎으로서 신앙은 살아계신 주님과의 살아계신 관계를 그 중심에 두고 있다. 신앙이 역동적이고 변혁적이 되기 위해서는 교육 이상의 것이 필요하다. 필요한 것은 바로 예수님과의 대면이다.

이를 누군가를 알아가는 과정에 견주어서 생각해보자. 내가 알기 원하는 사람에 관해서 들었다고 치자. 나는 신문이나 책에서 그 사람에 관한 글을 읽을 수 있다. 나는 그 사람을 TV에서 볼 수 있다. 이것도 어느 정도의 지식이긴 하지만, 내가 정말로 그 사람을 의미 있는 방식으로 알고 있다고는 말할 수 없다. 하지만 내가 그 사람을 소개받고 인격적 관계를 맺기 시작하면 전혀 다른 차원의 지식이 일어나게 된다. 그러면 그 사람과 나는 서로의 삶에 있어서 일종의 경험 지대를 갖게 되는 것이다. 우리는 이러한 지식에 의해서 변화된다. 인간적인 차원에서 이는 인격적 만남을 통한 지식이다. 마틴 부버의 언어를 빌리자면, 이는 '나와 그것'의 지식과 대조되는 '나와 너'의 지식이다.

하나님을 아는 우리의 지식에도 이와 비슷한 차원이 담겨져 있다. 예를 들어, 신약에서 가장 위대한 기독론 구절 중 하나인 마태복음 11:27에서 발견하는 진리가 바로 그와 같다. "내 아버지께서 모든 것을 내게 주셨으니 아버지 외에는 아들을 아는 자가 없고 아들과 또 아들의 소원대로 계시를 받는 자 외에는 아버지를 아는 자가 없느니라." 이 구절은 우리에게 나와 너의 지식을 제공하면서 대면으로서의 계시를 향한 노정으로 우리를 인도한다. 계시의 내용은 아버지와 아들의 상호적 앎이다. 이는 성령의 하나 되게 하심 안에서 이루어지며, 교회는 이를 나중에 해석하게 되는 것이다. 계시의 내용은 관계다. 즉, 아들이 아버지를 알고, 아버지는 아들을 아신다. 이 앎은 무엇 무엇에 대한 앎이 아니라 우리가 거룩한 삼위일체라 부르는 사랑의 교통 안에서 아는 것이다. 예수께서는 하나님에 관한 무언가를 계시하지 않으신다. 예수께서는 하나님을 계시하신다. 말하자면, 계시는 처음부터 드러난 하나님에 관한 정보가 아니라 성부를 아는 성자의 지식에 동참하는 것이다. 그럼으로써 그리스도 안에서 우리는 하나님을 안에서부터 알게 된다. 즉, 아버지와 아들의 관계 안에서부터 아는 것이다. 예수께서는 신성의 동질적이며 인격적인 관계 안에서 하나님을 계시하신다. 그분은 지식과 사랑의 상호 관계성 안에서 친히 자신을 하나님으로서 계시하신다. 예수님을 따라 하나님을 안다는 것은 성령의 하나 되게 하심 안에서 성부와 성자의 인격적 관계를 아는 것이다. 이는 분명히 하나님에 관한 지식이라는 의미에서의 지식이 아니다. 오히려, 이는 하나님을 안에서부터, 즉 하나님 안의 관계들을 통해서 하나님을 아는 지식이라 할 수 있다. 인격이신 하나님을 아는 것이기에, 하나님을 인격적으로 아는 것이다.

한 가지 더 논의해야 할 점이 있는데, 이는 상당히 신중해야 할 사안이다. 마태복음 11:27에 따르면, 계시는 우리로 하나님 안의 내적인 관계들에 참여하게 함으로 그 관계들을 알게 하는 것이다! 이는 예수께서 오직 그분만이 참여할 수 있는 그분의 하나님 되심과 성부와의 교통을 드러내신 까닭에 참된 앎이 된 것이다. 분명히 말해서 이는 우리에게 일종의 중립적이며 객관적으로 주어진 지식이 아니다. 이는 성령으로 말미암아 예수께서 우리를 오직 그분에게만 해당되는 성부와의 교제에 참여하게 하심으로서 인격적이며 관계적으로 주어진 것이다. 말하자면, 우리는 거룩한 삼위일체인 사랑의 교통 가운데로 들어선 것이다. 이러한 이유로 인해서, 신학은 신앙의 기초 위에서 하나님에 관한 우리의 이야기이며, 이는 우리를 성부와 성자의 관계 속으로 초대하신 살아계신 주님과 대면함으로 가능해진다. 이는 안으로부터 믿는 경험에서 생성되는 형태의 지식이다. 즉, 우리를 자신에게 접붙이시고 성령의 하나 되게 하심 속에서 성부와의 교통 가운데 참여케 하신 살아계신 예수님과의 대면 경험에서 비롯되는 지식이다. 따라서 이 장에서는 우리와 대면하시는 주님, 그리고 그분과 우리의 연합된 관계를 반드시 논의해야 한다. 두 가지 사안이 함께 엮여있다. 이는 계시의 속성이며, 따라서 경험적이며 현실적이기도 하다.

인격적 대면인 계시의 속성상, 이는 확실히 우리가 통제할 수 있는 과정이 아니다. 예수께서는 그분의 사랑의 자유 안에서 우리와 대면하신다. 우리는 이를 조작할 수 없다. 우리는 이 과정을 감독할 수 없다. 더군다나 우리는 이 과정을 우리의 선험적 의미 범주 안에 집어 넣을 수도 없다. 오히려 이성도 변화되어야(converted) 한다. 계시를 대면으로 이해한다는 것은 곧 우리가 부활하신 예수님의 생애와 사역을 있는 그대로 이해하려 할 때 일어나는 우리 생각의 갱신인 그리스도의 마음을 품는 것, 즉 생각의 회심이라 할 수 있는 회개(metanoia)를 의미한다.

흥미롭게도, 이는 바로 누가복음에서 부활하신 주님께서 제자들을 대면하셨던 기록의 마지막에 등장한다. 누가복음 24:45-47을 보면 예수께서는 "이에 그들의 마음을 열어 성경을 깨닫게 하시고 또 이르시되 이같이 그리스도가 고난을 받고 제삼일에 죽은 자 가운데서 살아날 것과 또 그의 이름으로 죄 사함을 받게 하는 회개가 예루살렘에서 시작하여 모든 족속에게 전파될 것이 기록되었으니"라고 말씀하신다. 자연인의 생각으로는 이 의미를 파악할 수 없다. 예수님의 죽으심과 부활이 의미하는 바를 이해하려면 우리의 생각이 예수님에 의해서 열려야 한다. (이를 시편 40:6에 나오는 하나님이 우리의 머리에 구멍을 뚫으셔야 한다는 구약의 표현과 비교해보라.) 이 말씀은 새로운 생각, 또는 생각의 변화인 '메타노이아'(metanoia)로 이어지는 생각의 세례를 의미한다고도 말할 수 있다. (메타meta는 '후에,' '함께'라는 의미를 지니고 있고, 노에오 noeo는 '인식하거나 생각하다'라는 의미이다.)

## 성경의 사례 연구: 바울의 회심

이와 같은 복잡한 신학의 의미를 풀기 위한 출발점은 사도행전 9:5에 나오는 사울의 저 유명한 다메섹 도상 경험이다. 여기서 우리는 사울이 땅으로 떨어져서 질문을 받고 "주여, 누구시니이까?"라고 물으며 부활하신 예수님과 대면하는 장면을 읽게 된다. 이는 근본적인 기독론 고백을 담고 있듯이, 근본적인 기독론적 질문임이 자명하다. 기독교적 신학의 모든 것이 이 형식을 따른다. '누구시니이까?'라는 질문의 원동력은 먼저 사울/바울을 있는 그대로 대면하시고, 그 다음에는 그의 존재 깊숙이 질문을 던지신 살아계신 주님께로 향하게 된다. 기독론적 질문에는 신앙의 고백이 담겨 있다. "주여, 누구시니이까?" 바울은 "이게 무슨 일입니까?"라거나 "어떻게 하신 겁니까?" "왜 제가 이런 경험을 해야 합니까?"라고 묻지 않았다. 그는 "방금 일어난 일을 제게 설명해주십시오."라고 대답하지도 않았다. '누구시니이까?'라는 질문과 '주여!'라는 호칭의 원동력은 말하자면 바울로 하여금 그의 존재 깊숙한 곳에서 질문을 일으키게 만든 불가항력적 권위자에 의해서 인격 대 인격으로의 대면을 감지하게 했음을 보여주는 것이다. 이 대면에서 바울은 절대적이고 무조건적인 선고가 그의 생애와 운명에 가해졌음을 발견했다. 바로 이와 같은 경험으로 인해 사울은 새로운 정체성의 표징으로써 자신의 이름을 바울로 바꾸게 된다.

바울의 예수님을 아는 지식은 승천하시고 영화로우신 주님과의 대면 경험에 기초하였다. 이 대면은 나중에 성령께서 견인하시는 그리스도 예수와 교제하시는 삶에 의해서 밝히 드러나고 확증되었으며, 이를 토대로 바울은 설교와 가르침, 그리고 저술을 통해 자신의 공동체들과 이를 나누었다. 바울에게 있어서 신앙은 하나님을 향한 갈망으로만 존재하는 것이 아니다. 신앙은 하나님 자신의 생명으로 인도되는 참된 관계를 통한 부활하시고 살아계신 주 예수 그리스도를 아는 지식이다. 그리스도 예수와의 연합 안에서 바울은 단지 하나님에 관해서 안 것이 아니라, 지금까지는 상상할 수 없던 인격적인 방식으로 하나님을 알게 되었다. 바울의 예수님을 아는 지식은 이제 그의 전 생애를 바꾸는 전환점이 되었다. 그는 새로운 존재가 되었다. 살아계신 주님과 대면했던 경험은 바울로 하여금 그분과의 교제 가운데 들어서게 하였고, 이를 통해서 그는 성령의 능력 안에서 성부와도 교제를 누리게 되었다. 바울에게 있어서 신앙은 다메섹 도상에서 그와 대면하신 영화로우신 주님을 아는 지식이자, 그분과의 관계였다. 바울에게 있어서, 기독교 신앙과 거기에 수반되는 하나님을 아는 지식은 경험적이면서 동시에 현실적이었다. 예수님을 대면하는 경험은 그와 같은 실체를 지니게 된다.

바울의 경험은 다층적인 구조를 갖추고 있다. 그 경험은 신체적이었다. 바울은 땅에 엎드러졌고 눈이 멀었다. 그 경험은 신학적이었다. 그는 즉각적으로 하나님이 자신을 대하고 계심을 알았다. 그리고 그 경험은 전적인 변화의 경험이었다. 이후로 그의 생애가 바뀌는 전환점이 되었다. 어떻게 해서 먼저 예수님이 자신을 밝히지 않으셨음에도, 처음부터 신학적 질문이 아닌 기독론적 질문을 던졌는지 이유를 알긴 어렵다. 더욱이, 바울의 경험은 지식과 신앙에 머무르지 않았다. 다메섹 도상의 경험은 그의 사도적 사명을 위한 기초가 되기도 했다. 예수님과 대면한 바울은 이제 예수님의 부활 사역에 동참하였다. 대면과 소명이 한데 묶인 것이다. 이는 매우 중요한 사안이다. 예수님의 사역의 부활은 신앙과 해야 할 일 모두를 요청한다. 이러한 결과는 마태복음과 요한복음의 기록에 나오는 첫 제자들에게서도 나타남을 볼 수 있다. 부활하신 주님은 단지 그들과 대면하셨을 뿐 아니라, 그러한 대면을 통해서 그들에게 사명을 부여하셨다. 여기에 포함되는 의미는 이 책의 후반부에서 더 충분히 다루어야 할 것이다.

그러므로 바울이 주 예수와 대면하였을 때, 그는 선택하거나, 아니면 지나쳐도 될 중립적인 경험 데이터와 마주한 것이 아님이 분명하다. 그의 기독론적 물음은 신앙의 틀 안에서 제기된 것이다. 즉, 예수님과의 관계 안에서, 또한 예수님을 통해서 그는 성부를 알았다. 부활하신 예수님과 마주한 그는 자기 앞에 마주하신 주님께 응답했다. 기이한 소리를 내거나 멀찍이서 응시하는 것이 아니라 무릎을 꿇고 경이로움과 감사와 기쁨 가운데 그는 예수 그리스도의 부활의 사역에 동참하는 삶으로 빠져들었다.

**네 번째 걸음: 주께서 역사하시는 방식을 배우라**

성령을 통해 예수님은 계속해서 사람들과 대면하신다. 그들을 회심시키시는 동시에 세상의 한복판에서 당신의 지속적인 사역으로 그들을 이끄신다. 우리가 성 토요일 분위기의 사역에서 부활 주일 분위기의 사역으로 옮길 때, 이미 1장에서 언급된 세 번째 걸음에 덧붙여질 다음 걸음은 구체적인 영적 안목의 개발이다. 다른 말로 해서, 주님의 손길을 찾고 기대해야 한다.

우리는 무엇보다도 이를 인격적인 차원에서 배운다고 나는 생각한다. 우리는 주님께서 우리를 대하시는 방식을 깨달아야 한다. 우리의 삶에서 그분의 손길이 역사하고 있음을 인식해야 한다. 그분의 사랑의 자유 안에서 성령의 능력과 간섭을 통하여, 우린 비로소 신앙을 갖게 된다. 왜냐하면 예수께서 나와 대면하셨기 때문이다. 마음의 상실을 겪고, 안식을 못 찾던 19살의 낙오자였던 나, 어떻게 기도할지 조차 모르던 풋내기 목회자였던 나, 중증 암 진단을 받은 중년의 남성인 나와 예수님께서 대면해주셨다. 내가 신앙을 갖게 된 것은 예수께서 내가 만나는 사람들을 통해서, 내가 듣는 음악을 통해서, 내가 읽은 책들을 통해서 나와 대면하시기 때문이다. 내가 신앙을 갖게 된 것은 예수께서 나에게 긍휼을 가르쳐주신 아버지를 통해서, 나에게 사랑에 관하여 가르쳐준 아내를 통해서, 나에게 자라남에 대해서 가르쳐준 아이들을 통해서 나와 대면하시기 때문이다. 내가 신앙을 갖게 된 것은 예수께서 내가 듣는 설교를 통해서, 내가 받는 성찬의 떡과 잔 안에서, 나와 더불어 웃는 친구들과 함께, 생애의 유한함과 연약함을 서서히 받아들이며 나아가는 내 인생의 더욱 어둡고, 고독한 구석에서 나와 대면하시기 때문이다. 내가 신앙을 갖게 된 것은 예수께서 나의 신학적 연구와 토론을 통해서, 내가 학생들을 지도하는 가운데, 그리고 심지어는 책을 쓰는 과정 중에도 나와 대면하시기 때문이다. 내가 신앙을 갖게 된 것은 예수께서 나의 매일의 기도와 성경 읽기 가운데 나와 대면하시기 때문이다.

내가 신앙을 갖게 된 것은 예수께서 사건들과 정황들과 사람들, 그리고 내가 알 수 있거나 혹은 상상할 수 있는 것보다 더한 일들을 통해서 나와 대면하시기 때문이다. 나는 실제 문자적인 의미에서가 아니라, 은유적인 차원에서 많은 이들이 오간 그 다메섹 도상으로 여행을 가는 셈이다. 다른 길들을 헤매고 다니다가, 나는 내 인생의 사람들과 정황들을 통해서 중재하시는 예수님을 만났고, 또한 지금 만나고 있다. 나는 이런 경험들 가운데 그 어느 것도 설득력 있고 객관적인 방식으로 증명할 순 없다. 그건 중요하지 않다. 왜냐하면 이 모든 것들이 사실이고, 이러한 일이 일어날 때 진실이 무엇인지를 인식할 수 있기 때문이다.

하지만 다른 이들에게는 의심할 바 없이 다른 차원의 경험이 있을 것이다. 내 동료 한 명은 자신에게 가장 높은 경지의 영적 경험은 히브리어 성경을 주해하면서 찾아왔다고 알려줬다. 이것이 바로 예수께서 그와 대면하신 방식이다. 그 친구는 자신의 엄정한 학문적 수행을 통해서 이러한 경험을 기대할 수 있었다. 우리 각자는 주의 뜻에 따라 대면을 경험하며, 이러한 차이를 분별할 수 있어야 한다.

이제 더욱 넓은 측면에서, 기도 가운데, 사색 가운데, 홀로 있을 때나 혹은 다른 이들과 함께 할 때, 일터에서, 놀 때에, 책상에 앉았을 때에, 언덕에 올랐을 때나 해변을 걸을 때에도 그분은 우리가 설교를 들을 때나 골방에서 기도할 때와 다를 바 없이 형용할 수 없는 방식으로 우리와 대면하신다. 그분은 성령 안에서 자유롭게 우리를 찾아오신다. 따라서 우리가 할 수 있는 말이라고는 "그와 같이 되리이다." 뿐이다. 주께서 오셨고, 또 우리에게 오셨다는 이 사건이 발생하지 않고서는 우리가 그를 알 수 있는 다른 통로는 없다.

나는 대면을 한 사람이다. 우리가 내릴 수 있는 결론이 흐지부지되거나 아니면 예리하게 맺어진다 할지라도, 또는 망설이는 고백이 되거나 의기양양한 노래가 될지라도, 우리는 예수님과 대면하였음을 안다. 그와 같이 우리는 하나님의 생명과 사역으로 인도받고 있는 것이다.

물론 이 모든 것에는 또 다른 측면이 있다. 때로 특별히 시간이 어둡고 위험하며 지루하고 무서우며 고독하고 절망적이며 기껏해야 고요하며 아무런 감응 없이 판에 박힌 듯 돌아가는 것 같을 때, 나는 예수께서 여전히 나와 대면하심을 신뢰할 수 있다. 왜냐하면 이는 어떤 의미에서 그분께서 하시는 일이기 때문이다. 그러나 내가 그분을 인식하든 못하든 간에, 나는 그분께서 나를 당신에게로 인도하기 위해 내 인생의 굴곡이 있을 때마다 성령을 통해서 지속적인 나타나심을 신뢰할 수 있다. 나는 내가 받은 세례가 증언하는 바를 신뢰할 수 있다. 이 세례를 통해서 그분은 나를 자신의 생명과 사역에 동참시키셨기 때문이다. 나는 심지어 역사하시는 주님의 생명과 지속적 사역에 동참하게 됐음을 신뢰할 수 있다. 특히 내가 그분의 임재를 느끼지 못하거나 그분의 손길이 역사하는 모습을 보지 못할 때에도 말이다. 특별히 이러한 때에 나는 내가 주님과 대면한 사람임을 상기시켜줄 교회가 필요하다. 이러한 상황을 향하여 우리가 해야 할 말은 하나님이 역사하신다는 사실을 깨우쳐주는 것이다. 특히 예수님 안에서, 예수님을 통해서, 그리고 예수님으로서, 또한 성령 안에서 하나님은 역사하신다.

성 토요일 분위기의 사역에서 부활 주일 분위기의 사역으로 전환하려면 우리의 삶과 다른 이들의 삶 속에서 역사하는 주님의 손길을 찾으려는 자세가 필요하다. 그러나 가벼운 수준의 분별력이어서는 안 된다.

## 영을 분별하라

바울의 이야기에서 우리 자신의 경험에 대한 성찰로 옮겨갈 때, 우리는 만일 예수께서 성령 안에서 지속적인 사역을 하지 않으셨다면 그분과 대면하지도 못했을 것임을 분명하게 말할 수 있다. 하지만 주님과 우리의 만남이 외적 기준이 없는 단순히 사적이며 주관적인 경험일 뿐일까? 그렇지 않다. 예수님과의 대면에 대한 우리의 감각은 성경에서 증언하고 교회에서 알려진 예수님의 모습에 비추어 검증되어야 한다. 바울의 다메섹 도상 경험이 자기 자신을 각성케 하는 사건이었음에도 불구하고, 그는 스스로 교회로 가야 했다. 이 교회의 형태는 우선 아나니아와 다메섹 신자들의 공동체였으며, 후일에는 예루살렘의 공동체였다. 개인적으로 조명을 받은 것은 신앙과 사역이 세워질 발판이 되기에는 가장 의심스러울 수밖에 없다. 우리는 미혹 받을 수도 있고, 또는 주의 영이 아닌 다른 영에 의해서 지시를 받을 수도 있기 때문이다. 이러한 영은 그러한 식으로 계속 우리를 기만하곤 한다. 우리는 모든 것을 분별하도록 가르침을 받았다.(살전5:21, 요일4:1) 분별은 필수적이다. 우리의 영적 경험과 신학적 관점은 교회의 가르침과 훈계에 의해서 점검되어야 한다.(골3:16) 확실한 신념이 진리를 가늠하는 잣대가 아니다. 이는 오히려 더욱 위험할 수도 있다. 따라서 신중한 권고가 필요하다.

한 목사는 나에게 목회자로서 재앙에 가까운 수많은 사건들을 경험한 뒤에 자신에게 임한 경종을 울리는 목회적 깨달음에 관해서 말해줬다. 그녀의 회중에는 걸핏하면 주님이 자기에게 말씀하셨다는 확신을 지닌 영적 세계에 관심 많은 교인이 한 명 있었다고 한다. 때로 주님이 주셨다는 그 '말씀들'에는 다른 사람들에 관한 것도 포함된다. 이 사람은 자기 딴에는 믿음으로 이 말씀들을 실천에 옮겨 다른 사람들을 향해 행동을 취하고 지적을 하곤 했다. 이러한 '말씀들'은 한결같이 무례하고 정죄적인 것들이었다. 그래서 그 목사는 곧바로 그 교인을 잠자코 가만있게 해달라는 요청을 받게 된다. 분별이 필요했던 것이다.

한 지혜로운 친구는 때로 우리는 우리의 시선을 예수님과 그분이 우리를 위해 행하신 일에 고정해야 우리 앞에 놓인 영적으로나 신학적으로 어려운 과제들을 잊을 수 있다고 내게 조언하기도 했다. 디이트리히 본회퍼가 일깨워준 것처럼 은혜는 거저 주어졌으나, 하나님과 우리에게 싼값에 주어진 것은 아니다. 그러면 이러한 영을 분별함은 어떻게 이루어지는가? 어떻게 해야 우리는 우리 자신의 삶과 목회자로서 다른 이들의 삶 속에서 주님의 손길을 예리하게(critically) 분별할 수 있을까? 성경과 전통은 우리의 분별력을 검증하는 익숙한 패턴을 제공한다.

첫째로, 우리는 성경적 검증을 고려해야 한다. 성령 안에서 예수님은 우리와 대면하시며, 우리를 신앙으로 인도하시고 우리에게 사역을 맡기신다. 그분은 살아계신 주님이시기 때문에 이를 행하시는 것이다. 그러나 그분은 여전히 동일하신 주님이시다. 다른 종류의 주님이 되신 게 아니다. 그분은

2000년 전에 그러셨던 것처럼 오늘날도 동일한 화해의 사역을 행하신다. 그러므로 우리는 성경의 구구절절에서 증언하는 주님과 개인적 경험에서 대면하는 주님 사이의 일치를 기대해야 한다. 예수님과 대면함으로부터 출발된 영적인 삶은 우리가 사울/바울의 "주여, 누구시니까?"라는 질문에 대한 답을 찾기 위해서 성경 안으로 다시 또 다시 돌아가도록 우리를 충동한다. 또한 성경을 읽음으로 해서 우리는 주님의 임재에 대한 더욱 더 깊은 인식으로 인도받게 된다. 이러한 과정은 결코 끝이 없는 해석학적 순환이다. 따라서 열린 결말과 항상 유동적일 수 있음을 인정하고 우리의 대면 경험을 성경 앞으로 가져오면, 성경은 우리의 경험이 새로운 이해에 도달하도록 도와줄 것이다. 영적인 삶은 머리나 마음 어느 한쪽에 있는 것이 아니라, 머리와 마음 양쪽에 다 존재한다. 그리고 그러한 방식으로 머리와 마음은 서로를 향해 열려 있는 것이다.

둘째로, 우리는 전통의 검증을 고려해야 한다. 교회는 풍성한 신학적, 목회적, 영적 지혜를 담고 있으므로 종종 그러한 지혜에 의지하는 것도 현명한 방법이다. 우리가 교회의 성인들과 박사들(doctors)에게 관심을 기울이고 그들의 인도를 구하고 그들의 성찰로부터 배우기를 갈구함으로써 얻는 유익은 정말로 크다. 물론 그들 가운데 많은 이들은 현재 우리와는 다른 전통을 대표하고 있기 때문에 우리로서는 그들을 통하여 주께서 하시는 일에 관한 더욱 보편적인 원칙과 마주하게 될 것이다. 하지만 그들이 우리로 하여금 더욱 깊이 고민하게 하고 더욱 넓게 바라보게 하기 때문에 결국에 얻게 되는 이득은 거대하다. 그들의 책을 읽게 되면 단순히 그리스도 안에서 우리의 개인적인 삶에 대한 관점만 바뀌는 데서 그치지 않는다. 그들의 책을 읽음으로써 우리의 목회적 실천 또한 변화하게 될 것이다.

1장에서 나는 이미 교회의 위대한 다섯 목회 교사들을 언급했다. 더욱 많은 이들이 그 명단에 덧붙여져야 할 것이다. 닛사의 그레고리(Gregory of Nyssa), 어거스틴(Augustine), 안셀름(Anselm), 위대한 종교개혁가들인 루터와 칼뱅, 미국의 조나단 에드워즈와 같은 청교도들, 웨슬리 형제들, 또한 로마 가톨릭의 든든한 영적 안내자였던 아빌라의 테레사, 십자가의 요한, 그리고 토마스 머튼, 칼 바르트, 에블린 언더힐(Evelyn Underhill)이나 프리드리히 본 휘겔(Friedrich von Hügel) 등과 같은 이들이 거명될 수 있다. 이 이름들은 단순히 제안적인 차원에서 더욱 깊이 살펴볼 수 있는 좋은 기회를 줄 뿐이다. 우리가 이러한 검증된 안내자들 및 교회의 박사들과 더불어 친구가 되면 영적이며 신학적인 어리석음에 빠지지 않도록 방어체제를 갖출 수 있다.

### 다섯 번째 걸음: 승천일의 원위치 회복

우리는 살아계셔서 다스리시고 역사하시는 주님과 대면한다. 기독교 신앙과 사역의 모든 것은 이와 같은 영광스러운 고백으로부터 흘러넘친다. 승천일은 성육신의 날인 성탄절과 병행된 논리적 귀결점이기도 하다. 공간적 은유를 사용해서 성탄절을 묘사할 때 "성탄절에 사랑이 내려왔다"고 한다면, 마찬가지로 공간적 은유를 사용했을 때, 주님께서 성부께로 돌아가셨고 거기에서부터 성령을 통해서 그의 부활의 사역이 지속되는 이것이 바로 승천이라 할 수 있다. 성육신이 없다면 말씀이 육신이 될 수 없고, 예수께서 존재하실 수도 없었을 것이다. 승천이 없이는 우리의 인간됨은 성부와의 교통에 들어갈 수 없을 것이다. 예수께서도 지속적인 사역을 하실 수 없었을 것이다. 성육신과 더불어, 하나님께서는 우리의 인간적 장소에 당신의 '거처'를 정하셨다. 승천과 더불어, 인간이 되신 예수께서는 그의 '거처'를 하나님의 장소에 마련하셨다. 거기에서부터 그분은 성령 안에서 아버지로부터 받은 사명을 계속해서 수행해 가신다. 성육신과 더불어, 예수님의 공생애 사역이 시작되었다. 승천과 더불어, 예수님의 천상 사역이 시작되었다. 비록 형태는 다르지만, 동일하신 주님이며 동일한 사역이다. 왜냐하면 지금은 성령의 대행하심과 능력 안에서 그 사역이 이루어지고 있기 때문이다. 이를테면 낮아지심과 올라가심이 서로 병행되면서 우리 주님의 삶과 사역의 고리가 완성된다. 첫째는 우리가 아는 바와 같이 육신을 입으신 예수님의 지상 사역을 의미한다. 둘째는 육신을 입으신 채로 천상으로부터 행하시는 예수님의 사역을 의미한다. 현재 그분은 영적인 몸을 지니시고 생명을 부여하는 영으로 계신다.

나는 수업에서 학생들에게 이 점을 매우 중요하게 가르친다. 그러면 정말 놀랍게도 학생들의 눈에서 눈꺼풀이 벗겨지는 모습을 보게 된다. 신학적인 조명이 비춰지자 그들은 예수님의 승천이 지니는 중요성을 깨닫기 시작한다. 학생들은 승천하신 주님의 사역이 없이는 심지어 부활하신 예수님마저도 무의미하게 전락될 수 있음을 깨닫게 된다. 현재적 사역이 없는 한 부활하신 예수님에게도 실질적 내용이 없기 때문이다. 그들에게 있어서 신학과 사역의 모든 것이 새로운 준거 틀 속에서 재정립되어야 했다. 예수님이 새롭고 구체적인 방식으로 생생하게 다가온다. 그분께서 하실 사역이 있기 때문이다. 과거 시제의 기독론이 현재 시제로 이동한다. '과거 시제'의 도덕적 영향력을 행사하는 기독론에 근거해 죄의식을 불러일으켰던 관념과 사역의 옛 패턴들은 감사하게도, 그리고 신속하게 폐기된다. 그것들은 뒤집어져야 한다고 우리는 말하곤 한다. 우리의 사역이 전적으로 예수님의 지속적 사역으로부터 파생되고, 거기에 얼마나 견고하게 유일한 기초를 두느냐가 사역을 위한 새로운 능력 함양의 기반이 된다. 그러자 열정과 활력이 수업의 분위기를 바꾸어 놓았다.

그리고 더 있다. 승천하신 주님의 사역이라는 틀 안에서 나는 기독교적 삶과 사역에 대한 학생들의 인식이 기대감으로 충만해지는 모습을 발견하였다. 승천일의 신학과 경험에 뿌리 내린 새로운 신학적 상상력은 그들의 목회적 상상력을 자극시킨다. 능력이 분출된다. 성령을 통한 예수님의 지속적 사역과 교회의 사역들 사이의 내재적인 연관성을 깨닫게 되자 앞에 놓인 직무를 향한 열망이 일어난다.

그러므로 더욱 실질적인 단계로서, 성 토요일 분위기의 사역에서 부활 주일과 승천일 분위기의 사역으로 이동함에 있어서 이제 취해야 할 예전적 단계는 승천 기념 주일을 회복하는 것이다. 승천 기념 주일을 구체적인 내용과 의미를 지닌 특별한 예배일로 세우는 것이다. 그러니까 승천일(통상 목요일이다—역주)이 지난 다음 주일에 승천을 기념하는 예배를 드려서 승천의 의미를 가미하는 식으로 쉽게 여기지 말라는 것이다. 우리는 성탄절을 위해서도 충분히 즐거운 예배를 드린다. 더욱이, 승천일의 회복은 성탄절을 새로운 관점에서 볼 수 있게 해줄 것이다. 아마도 현재 성탄절을 에워싸고 있는 병적인 감상주의와 지독한 상업주의로부터 성탄의 의미를 구제하는 방향으로 나아갈 수 있지 않을까? 의심할 바 없이, 승천일을 회복하려면 어느 정도의 계획과 교육이 필요할 것이며, 반대 의견을 극복해야 할 것이다. 그러나 거룩한 날로써 승천일의 회복은 부활하신 예수님의 지속적 생명과 사역을 확증한다는 정당한 의미를 지니고 있다. 내가 감히 제안하건 바, 기독교의 주요 절기로써 승천일의 회복(승천일을 기념하여 파티나 선물교환을 하는 건 어떤가?)은 목회자의 사역에서뿐 아니라, 회중의 삶에서도 심도 있는 갱생을 불러일으킬 것이다. 지금쯤이면 그 이유가 납득이 되어야 한다. 예수께서는 살아 계시고, 다스리시며, 역사하시는 주님이시기 때문이다.

### 살아계신 주님과의 교제(Communion with the Living Lord)

살아계신 주님과의 교제, 이는 기독교 신앙 및 사역과 관련해서 사안의 핵심이라 할 수 있다. 나는 때로 이를 이른바 그리스도와 우리의 연합 교리로 일컫기도 한다. 장 칼뱅은 이를 다음과 같이 아름답게 정의했다.

> 그러므로 머리와 지체들이 서로 연합되는 일이나, 그리스도께서 우리 마음에 거하시는 일이나, 간단히 말해서 그 신비한 연합의 문제가 우리에게는 최고로 중요한 것이다. 그리스도께서 우리의 것이 되시면, 그가 받으신 선물들을 그 연합을 통해서 우리와 함께 나누시는 것이다…. 오히려 우리가 그리스도로 옷 입고 있으며, 그의 몸

에 접붙인 바 되었으며, 간단히 말해서 황송하게도 그가 우리를 자기와 하나로 만드셨으므로, 우리는 그와 함께 의의 교제를 갖고 있다는 사실을 귀하게 여기고 자랑하는 것이다.(「기독교강요」 3권 11장 10절)

그리스도와의 연합 교리는 많은 사람들에게는 낯설 것이다. 하지만 이는 기독교 신앙과 사역에 있어서 중심을 차지한다. 이는 우리로 예수님의 부활 생명을 공유하거나 참여케 하는 성령의 사역을 가리킨다.(칼뱅은 이를 성령의 '결속'bond이라 불렀다.) 이는 기독교적 경험의 핵심에 자리 잡은 경이적인 주장이다. 신앙과 사역의 모든 것이 이와 같은 부활 주님의 기쁨과 소망에 동참함에서 흘러나온다. 이는 우리의 신학이 세워질 기반이다. 우리를 부활하신 예수님과의 연합으로 인도하신 성령에 의해서 우리는 성부에 대한 주님의 지식을 공유하기 때문이다. 이는 우리가 드리는 예배의 기반이다. 우리를 부활하신 예수님과의 연합으로 인도하신 성령에 의해서 비로소 주님이신 성부와의 교제에 참여하기 때문이다. 이는 우리의 사역을 위한 기반이 된다. 우리를 부활하신 예수님과의 연합으로 인도하신 성령에 의해서 우리는 성부로부터 주어진 우리 주님의 사역을 공유하기 때문이다. 따라서 성령의 선물로 말미암은 예수님의 부활 생명에 참여할 때, 신앙과 사역의 모든 것은 철저하게 삼위일체의 준거 틀로 정립된다. 즉, 성부로부터, 성자를 통해서, 성령 안에서. 그리고 성부께, 성자를 통하여, 성령 안에서.

성령으로 말미암아 예수님은 우리와 대면하신다. 성령에 의해서 우리는 부활하신 예수님의 생명과 연합하여 결속된다. 성령에 의해서 우리는 그리스도의 지체가 된다. 성령에 의해서 우리는 예수님의 부활 사역에 동참한다. 이는 처음부터 끝까지 은혜다.

여기서 우리에게 요구되는 것은 경험의 설명이 아닌 신앙의 고백이다. 신앙 안에서 우리는 성령을 통해 부활하신 예수님이 우리를 자신의 소유로 삼으사, 우리를 붙잡으셨고 우리를  친히 자신과 하나 되게 하사 자신의 부활 생명의 일부가 되게 하셨음을 안다. 이는 이신칭의의 중심적 신비로서, 이를 통해 우리는 그리스도의 유익을 누리게 된다. 다른 말로 해서, 신앙은 우리의 "생명이 그리스도와 함께 하나님 안에 감추어졌음"(골3:3)이다.

이것이 바로 우리의 중심적 신앙 확신을 규정짓는 세례의 의미다. 세례는 우리가 그리스도와 함께 죽었고 다시 살아났음을 행동으로 선언하는 것이다. 이는 우리가 다른 방식으로는 파악할 수 없는 그 무엇을 모호하게 암시하는 은유가 아니다. 또는 부주의하고 무의미한 이야기 거리도 아니다. 자아를 향한 삶은 죽었다. 이제 우리는 서로에게 속하기 때문이다. 우리의 세례가 상징하는 부활하신 예수님과의 연합은 경험적이며 실제적이다. 기독교 신앙은 바울이 종종 되풀이하는 말로 하면 우리의 생명이 '그리스도 안에' 있음을 고백하는 것이다. 신앙은 우리가 예수님과의 인격적 관계로 들어섰음을 인식하는 것이다. 그러나 이러한 주관적 인식은 진리이신 부활하신 예수님 안에 기반되어야 한다. 우리는 우리의 신앙 경험 안에서 믿음을 고백하지 않는다. 우리는 예수님께서 우리와 대면하셨기 때문에 신앙으로 경험하는 그분 안에서의 믿음을 고백하는 것이다. 그리고 그러한 고백에는 예수님의 사랑과 능력의 행위로서 우리가 예수님께 인격적으로 속해 있다는 신뢰가 따른다. 신앙은 이것이 진리임을 안다. 독립적이고, 중립적 겉치레를 하는 관찰자의 비슷한 결론에 이르는 방식으로서가 아니라, 성령의 증거 안에서부터, 그리고 그 증거로서 확증된 방식 말이다.

하지만 우리가 부활하신 주님과 대면한다는 사실을 말하는 것만으로는 충분치 않다. 승천은 예수께서 지속적인 사역을 하심을 의미한다. 그분은 우리를 아버지께 인도하신다. 그분은 우리를 위하여 중재하시며, 우리에게 성령을 보내사 우리로 그분의 생명과 사역에 동참케 하여 아버지께 영광을 돌리며 세상을 이롭게 하신다. 뒷부분에서 말한 것이 이제부터 내가 강조하고 싶은 바다.

성숙한 신앙과 신실한 사역의 핵심은 살아계신 주님과의 교통이다. 이는 그분의 생명과 그 생명의 목적에 동참하는 것이다. 예수님의 부활과 승천, 그리고 성령의 보내심을 통한 우리와 예수님과의 하나 됨은 중심이 바르게 세워진 신앙과 모든 것이 그분의 신앙과 사역에 근거해서 정립됨으로 온전히 복음적인 사역을 위해서 필수적이며 실질적인 조건이 된다.

3장

# 왜 산자를 죽은 자 가운데서 찾는가?

이 책 전체의 목표는 성 토요일 분위기의 사역에서 부활 주일 분위기의 사역으로 옮기는 것이다. 이는 우리가 이제 알게 된 것처럼 승천일 분위기의 사역으로 이동하는 것을 말한다. 부활 주님의 기쁨과 소망 안에서 사역한다는 것은 도대체 어떤 모습일까? 우리가 여기서 추구하는 것에는 부활 그 자체에 대한 새로운 신념에 도달하는 것도 포함된다. 부활은 정말로 믿을 만한가? 나는 믿을 수 있는가? 사실일까? 부활은 은유 이상인가? 그리고 가장 중요하게 물어야 할 질문은 이것이다. 예수님은 정말로 살아 계신가? 이 장에서 우리는 근본적인 증거들을 분석하며 부활이 함축하는 바에 대한 초보적 탐색을 행할 것이다. 이는 우리가 논의를 진행함에 따라 사역을 위한 실천적 결과가 무엇인지를 보여줄 것이다.

우리가 접근할 수 없는 사건으로서의 부활과 예수께서 사도들의 증언에 따라 우리에게 자신을 친히 알려주신 부활하신 예수님을 구분하는 것이 도움이 된다. 예수께서 살아 계신다는 사실이 부활의 핵심 주제다. 그리고 예수께서는 또 다른 신학적 질문을 일으키신다. 그분이 일어나셨다면, 우리는 그분에 대해서 무엇을 말해야 하나? 우리는 부활하신 예수님에 관해서, 그리고 그와 더불어 부활한 사역에 관해서 깊은 지식을 얻고 싶어 한다. 예수님의 사역이 부활했다는 것은 기독론에서 한 장으로 다루어야 할 내용이다. 그러므로 우리는 그러한 논의의 파생이자 결과로서 교회의 신앙과 사역에 대해 더욱 깊은 이해를 모색할 것이다.

**증거자료: 부활하신 예수님의 현현에 대한 기록들**

우리는 처음부터 부활하신 예수께서 현현하신 모습들을 살펴보았다. 이제 그 모든 것들을 한데 엮어서 부활의 구성요소가 무엇인지를 봐야 할 차례다.

이와 관련된 모든 정보는 부활에 대한 연구들을 보면 파악될 수 있기에, 나는 이 점에 대해서는 많은 지면을 할애하지 않을 것이다. 그럼에도 불구하고, 일부 증거들은 사실 점검 차원에서 다루어질 필요가 있다.

그러한 자료들은 다음과 같은 순서로 제시될 것이다. 바울과 다른 사도들의 증거, 그리고 10회에 걸친 주님의 현현 그 자체의 증거들이다. 예외 없이 자료들은 속성상 신학 내적인 것이다.

*바울의 증거* 우리는 이미 사도행전 9:1-9에 나오는 다메섹 도상에서의 경험에 관한 누가의 기록을 살펴보고, 몇 가지 사안을 관찰하였다. 사도행전은 그 경험에 대해서 두 가지 종류의 이야기를 더 기록한다. 이는 바울 자신의 말로 구성된 이야기로 보인다.(행22:6-16, 26:12-18) 또한 고린도전서 9:1과 15:8에도 그 사건에 대한 간략한 서술이 나온다. 그 사건을 반복해서 가리키는 것을 보면 바울의 마음에 그 경험이 얼마나 비중 있게 자리하였는지를 보여주며 누가와 초대교회에도 그 사건이 얼마나 중심적인 위치를 차지하는지 보여준다. 왜 그럴까?

가장 명백한 대답은 부활하시고 승천하신 예수님의 현현이 바울로 하여금 기독교 신앙에 이르게 했기 때문이라는 것이다. 주목한 바와 같이, 이는 바로 대면으로서의 계시이다. 대면은 "누구시니이까?"라는 질문을 낳으며, 이는 기독론을 지배하는 질문이다. 하지만 두 개의 일인칭 화법 기록은 누가의 이야기식 기록에서 더 나아간다. 사도행전 22:10에서 예수님과 바울의 첫 대화를 설명한 후에 바울은 또 다른 질문을 제기한다. "주님, 무엇을 하리이까?" 이 기록에 따르면 다메섹에 도착한 바울은 아나니아를 통해서 자신에게 주어진 소명을 받게 된다. "네가 그[우리] 조상들이 하나님를 위하여 모든 사람 앞에서 네가 보고 들은 것에 증인이 되리라." 뒤의 기록인 사도행전 26:15-18에서 바울은 자신의 소명을 예수님께로부터 친히 직접 받았다고 말한다.

"나는 네가 박해하는 예수라. 일어나 너의 발로 서라. 내가 네게 나타난 것은 곧 네가 나를 본 일과 장차 내가 네게 나타날 일에 너로

종과 증인을 삼으려 함이니 이스라엘과 이방인들에게서 내가 너를 구원하여 그들에게 보내어 그 눈을 뜨게 하여 어둠에서 빛으로, 사탄의 권세에서 하나님께로 돌아가게 하고 죄 사함과 나를 믿어 거룩하게 된 무리 가운데서 기업을 얻게 하리라.”

**다른 사도들의 증거** 부활하신 예수님을 증언한다는 주제는 다른 사도들에 관한 기록에서도 확인된다. 사도행전 1:21은 증거 본문들에 공통적인 점을 드러낸다. 유다가 죽은 뒤에 베드로가 이끄는 열 한 사도는 제자단에 한 사람을 더 추가하기로 한다. “주 예수께서 우리 가운데 출입하실 때에 항상 우리와 함께 다니던 사람 중에 하나를 세워 우리와 더불어 예수께서 부활하심을 증언할 사람이 되게 하여야 하리라.” 사도행전 2:32은 이렇게 말한다. “이 예수를 하나님이 살리신지라. 우리가 다 이 일에 증인이로다.” 사도행전 3:15을 보면 이렇게 나온다. “생명의 주를 죽였도다. 그러나 하나님이 죽은 자 가운데서 그를 살리셨으니 우리가 이 일에 증인이라.” 사도행전 5:31-32의 법정 변론 자리에서 베드로는 관원들이 죽인 예수가 이제는 하나님의 우편에 계신 높이 들림 받으신 주님이시라고 진술한다. “우리는 이 일에 증인이요.” 사도행전 10:40-42도 같은 사실을 말하는데, 한 걸음 더 나아가 하나님이 “오직 미리 택하신 증인 곧 죽은 자 가운데서 부활하신 후 그를 모시고 음식을 먹은” 이들이 사도들이라고 덧붙인다.

사도적 사역의 첫 번째 직무는 부활하신 예수님을 증언하는 것이다. 이러한 기록들은 상당한 분량의 증거들을 담고 있는데, 여기에 나오는 이들 가운데 일부는 나중에 사도행전을 읽는 이들이 분명히 개인적으로 알고 있으리라는 강력한 추정을 통해 더욱 더 신빙성을 얻게 된다.

부활하신 예수님의 현현에 관한 기록: 예수님의 승천 직후에 일어난 일이기에 별도의 범주로 구분되어야 할 바울에게 나타나심 외에도, 복음서와 고린도전서에는 부활과 승천 사이의 40일 동안에 부활하신 예수님이 나타난 기록이 열 차례 나온다. (자칫 지나치게 혼란스러울 수 있는 예시를 피하기 위해서 비슷한 본문들을 모두 인용하진 않았다.)

1. 마태복음 28:1-10에서 예수님은 주의 천사들과 대화를 한 뒤에 빈 무덤을 막 나섰던 막달라 마리아와 또 다른 마리아(야고보의 어머니?)에게 나타나셨다. 누가복음 24:10은 요안나와 다른 여인들을 빈 무덤으로 간 일행에 추가시킨다.

2. 예수께서는 엠마오로 가는 두 제자에게 나타나셨다.

3. 예수께서는 도마를 제외한 제자들에게 나타나셨다. (요20:19-23)

4. 요한복음 20:24-29에서 예수께서는 도마를 포함한 제자들에게 나타나셨다.

5. 예수께서는 디베랴 호수 근처에서 일곱 제자들에게 친히 나타나셨다. (요21:1-14)

6. 마태복음 28:16-17에서, 예수께서는 승천하시기 전 열 한 제자에게 나타나셨다.

7. 마가복음 16:9에서, 예수께서는 막달라 마리아에게 나타나셨다.

8. 누가복음 24;34에는 예수님이 시몬(베드로)에게 보이셨다는 기록이 나온다.

9. 고린도전서 15:7에서, 부활하신 주님은 야고보에게 나타나셨다고 한다.

10. 마지막으로, 예수님은 "오백여 형제와 자매에게 일시에" 보이셨는데, 그 가운데 대다수는 바울이 서신을 기록하는 당시에도 여전히 살아 있었다고 한다.(고전15:6)

아마도 사도행전 1:3도 이 목록에 올릴 수 있을 것이다. 이 구절은 예수께서 고난받으신 후에 사도들에게 많은 유력한 증거로 친히 살아 계심을 보이셨고 하나님 나라의 일을 말씀하셨다는 일반적인 방식의 보고를 전하고 있다.

### 여섯째 걸음: 예리한 날 세움

부활하신 예수님에 관해서 무슨 말을 해야 할까? 이 얼마나 중요한 질문인가! 논의를 진행하기 전에 잠시 멈춰서 기독교의 중심 진리에 관한 이와 같이 명백한 기록들을 반드시 숙고하고 넘어가야 한다. 필히 우리는 부활절 이야기들을 많이 들었을 것이다. 아마도 그 이야기들은 더 이상 우리를 놀라게 하지 못할 것이다. 우리는 그 이야기들을 읽고, 주석을 했고, 설교도 했다. 그 이야기들은 우리의 직업 도구들이다. 지난 세월 동안 그 이야기들을 자주 다루어왔기에, 이제는 쉽게 우리 수중 안에 들어와 있는 듯하다. 여기에 무슨 큰 문제가 있는 건 아니다. 그러나 아마도 이 또한 성 토요일 분위기의 잔존하는 모습일 것이다. 우리는 충격과 경이로움 가운데 무릎을 꿇기 보다는 부활의 기록들을 그냥 읽을 뿐이다. 칼 바르트의 비유를 빌려서 표현하자면, 그러한 일이 일어나기 위해서는 익숙한 것들을 다시금 낯설게 만들어야 한다.

바다의 조류와 같이, 영적이며 신학적인 삶에도 흥망성쇠가 있다. 자연의 계절과 같이, 경건에는 화창한 날들 뿐 아니라 음산하고 비 내리는 날들도 있다. 우리의 신학적 작업에는 힘이 넘쳐 성장하는 계절 뿐 아니라 내어 묵혀야 하는 계절도 있다. 우리가 이러한 리듬을 지닌 패턴을 인식할 수 있을 때, 초조해야 할 이유가 그리 많지 않게 된다. 상하 기복은 신앙 과정의 일부이다. 산 봉우리와 계곡들 모두 저마다의 자리가 있다. 그러나 부활절 이야기가 판에 박힌 목회적 일상의 일반적 흐름 속에 뒤섞이게 되면, 엄청나게 중요한 그 무엇이 어설픈 대책 속에서 빛을 잃게 되는 것이다. 부활절 이야기를 꼼꼼하게 살펴보면 기독교 신앙과 사역에 큰 활력소를 얻을 수 있게 된다. 그와 같은 활력소가 없다면 목회는 교인들 뿐 아니라 우리 자신들에게도 타성적으로 되어버린다.

확실히 예수께서 나타나셔야 한다. 확실한 성령의 생기가 한 번 더 우리에게 임해야 한다. 나 또한 그러한 활력소를 회복하고 생기가 돌게 하기 위해서 우리가 취할 수 있는 몇몇 의도적 움직임들이 있다고 제안하는 바이다. 우리가 사역의 모서리를 날카롭게 할 수 있는 작업대로서 예배에 초점을 맞춰보자. 매 주일은 연간 예전 구성에서 저마다의 특별한 위치를 지니고 있다. 매 주일은 또한 부활을 증언하는 날로 이해되어야 적절하다. 그러므로 이는 우리의 계획을 이행할 수 있는 좋은 날이다. 우리가 하나님의 백성을 예배 가운데 인도하도록 준비한다면, "예수께서 살아계신다"라는 기독교의 중심 진리를 증언함을 우리의 목적으로 삼을 것을 제안하는 바이다. 그러면 어떻게 해야 할까?

부활의 신앙을 직접적으로 제시하기 위한 새로운 헌신을 반영하는 주일 아침의 네 가지 실천 방법을 제안하겠다. 첫째로, 의도적으로 예수님을 현재 시제로 말하라. 모든 필요한 신학적 수식어를 사용하라. 즉, 성령 안에서, 설교된 말씀을 통해서, 몸으로 모인 지체들의 머리로서 등등. 그러나 예수님이 우리와 동시대적임을 강조하라. 그분이 이곳에, 방 안에서 자신의 과제를 수행하신다는 것은 적절한 인식이다. 그의 사랑의 자유와 성령의 임재 안에서, 예수님은 오늘도 그의 백성과 함께 하신다. 이러한 까닭에, 매우 특별한 그 무엇이 진행 중에 있다. 우리가 예수님을 현재 시제로 말할 때 둔감해질 수 없음은 확실하다.

둘째로, 주의 만찬을 살아 계신 주님과의 교제로 경축하라. 물론 여기에는 기억함이라는 회상이 있다. 그러나 성찬의 말씀을 읽고, 감사의 기도가 드려지고, 떡이 떼이고, 잔이 채워질 때 참된 현존도 일어난다. 성령에 의해서 우리를 자신의 생명에 동참하게 하듯이, 예수께서는 성찬을 통해서 친히 자신을 중재하신다. 이러한 관점에서 볼 때 성찬의 빈번한 집례는 살아계신 주님을 증언하는 것이다.

셋째로, 성령을 통해서 사람들과 대면하시는 예수님을 온전히 드러내는 방식으로 설교하라. 설교를 준비하면서 나는 다음과 같은 질문을 한다. "예수님께서 그의 백성들에게 하고자 하시는 말씀은 무엇일까?" 따라서 나는 예수님께서 그의 백성을 만나기 원하신다는 점에 초점을 두고 이를 믿는 가운데 설교하려고 한다. 적어도 내게 있어서 그러한 관점은 긴박감과 정말로 중대한 일을 앞두고 있다는 안목을 동시에 가져다준다. 성령 안에서, 그리고 성령을 통하여 예수께서 나타나실 것임을 기대하며 설교하라. 그리고 그분께서 나타나시면 아무 것도 예전과 동일하진 않게 될 것이다. 대면을 기대하며 설교하라.

넷째로, 직설적 어조로 사람들을 축복하라. 나의 관점에서 볼 때 축복한다는 것은 전혀 불확실한 행위가 아니다. 이는 조건적 상황이 아니다. 축복이란 "하나님이 여러분을 복주십니다. 그리고 저는 그 사실을 전하기 위해 이 자리에 있습니다." "여러분은 복 있는 사람들입니다!"라고 하면서 상황을 있는 그대로 진술하는 것이다. 축복은 대단한 사건이다. 예수께서 그의 백성과 정말로 함께 하신다는 증언이다. 그러나 축복의 선포가 상당부분 공허한 단어들로 나열된 판에 박힌 수사로 전락되고 있다. 단호하게, 직설적으로, 확신에 찬 어조로 그리고 살아계신 예수님을 대신하여 선포하는 말로 축복하라.

## 몸의 부활: 연속성

예수님의 과거 모습과 부활 이후의 나타나신 모습 사이의 연속성을 고려해보라. 예를 들어, 누가복음 24:13-35에는 우리가 이미 본 것과 같이 예수께서 엠마오로 가는 두 제자와 동행하신 기록이 나온다. 하지만 한 번 그분의 신체적 현존이 어땠는지에 주목해보라. 그분은 두 길 동무와 함께 걸으셨고, 그들과 이야기 나누셨고, 그들과 식사도 하셨다. 잠시 예수님이 신비롭게 그 길에 오고 가셨던 모습을 제쳐두고 보면, 비록 두 제자가 그를 알아볼 수 없었던 복잡한 상황이었음에도 불구하고 예수께서는 놀라우리만큼 아주 구체적인 육신의 활동을 하셨다.

이야기가 계속되면서 누가복음 24:36과 그 이후를 보면 예수께서 열 한 제자와 그들의 동료들, 그리고 엠마오로 가던 길에서 돌아온 두 사람들에게 나타나시는 기록이 나온다. 그들의 두려움과 의심에 대하여, 또한 그들이 자신들의 눈앞에서 바로 펼쳐진 상황을 해석하지 못하는 가운데, 예수께서는 이렇게 말씀하신다. "내 손과 발을 보고 나인 줄 알라. 또 나를 만져보라. 영은 살과 뼈가 없으되 너희 보는 바와 같이 나는 있느니라."(39절) 또한 41절에서는 극히 평범한 방식으로 예수께서는 그들에게 먹을 것을 달라고 하신다. 그들과 함께 있는 자리에서 예수님은 구운 생선 한 토막을 드셨다. 이는 지상에서의 예수님과 부활하신 예수님 사이에 그분의 본질 뿐 아니라 육신적 속성에서도 연속성이 있음을 명백하게 보여주는 것이다. 더욱이, 제자들과의 식탁 교제는 예수님의 공생애 사역에서 필수적인 요소였기에 그분의 부활 이후 제자들과의 식사는 그 연속성을 더욱 심화시킨다고 볼 수 있다.(요21:12

을 참조하라.)

세 번째 사례로 유명한 도마의 이야기를 고려해보라. 도마는 예수께서 처음 나타나셨을 때 제자들 중에 있지 않았다. 그는 일어난 이야기를 듣고는 다음과 같이 반응했다. "내가 그의 손의 못 자국을 보며 내 손가락을 그 못 자국에 넣으며 내 손을 그 옆구리에 넣어 보지 않고는 믿지 아니하겠노라."(요 20:25) 일주일 뒤에 예수께서 제자들에게 다시 나타나셨고 도마도 그들과 함께 있었다. 예수께서는 평화의 인사를 건네신 뒤 도마에게로 향하셨다. 그리고 그에게 예수님의 부활하신 몸이 정말로 육체를 지녔는지 확인해보라고 하셨다.(요20:27) 다소 섬뜩한 장면이 상상될 수 있지만, 여기서도 예수님이 부활하신 후에도 그 전과 같은 신체적 연속성이 있음을 보여준다.

그러면 이러한 기록들을 통해서 우리가 내릴 수 있는 결론은 무엇인가? 예수께서 성육신을 통해서 주어진 몸을 입고 오셨다는 사실은 부인되지 않았다. 오히려 그 사실은 완전히 놀랍고도 확고한 방식으로 고백되어왔다. 실제로 우리는 이러한 기록들을 통해서 몸의 부활을 위한 증거를 보게 된다. 이 몸이란 우리가 통념적으로 알고 있는 바로 그 몸들과도 얼마만큼은 연속성이 있다. 이는 또한 예수께서 육체로 오심이 다른 그 무엇에 의해서 아직까지 대치되지 않았음을 의미한다. 그러나 그분의 신성과 인성의 연합(본질 또는 위격의 연합)은 지속된다. 이러한 몸의 연합이 우리 앞에서 영속적인 연합으로 견고하게 지켜진다면, 부활하신 예수의 인성에 관한 기록이 탈 육화된 예수에 대한 기록으로 전락할 위험은 없다.

그럼에도 불구하고, 예수께서는 그의 생애 기간 동안과 마찬가지로 부활하신 이후에도 자신의 정체를 드러내는 동시에 가리기도 하셨다. 즉, 익명성(incognito)이 지속되었다. 예수님의 생애 기간 동안에 그를 보고 들은 모든 사람이 그가 누구이신지를 알아본 것은 아니다. 마찬가지로, 다시 한 번 누가복음 24:16로 돌아가 보면 예수께서는 육신의 모습을 지니셨음에도 불구하고 그와 함께 길을 가던 사람들이 그를 알아보지 못한 것으로 나온다. 요한복음 21:4에도 예수께서 해변에 서계실 때 배에 있던 제자들이 그를 알아보지 못했던 동일한 인지 실패의 사건이 나온다. 그의 공생애 때와 마찬가지로, 이따금 그의 모습을 알아볼 수 없게 했던 어떤 특질이 있었거나, 신적 은닉(divine concealment)의 역사가 아니었을까? 이 또한 지상에서의 예수님과 부활하신 예수님 사이의 연속성 요소에 해당된다. 루터의 말은 계속 유효하다. *Deus revelatus, Deua absconditus.* 계시되신 하나님, 은폐되신 하나님.

### 일곱 번째 걸음: 부활하셨으나 감추어진 주님

성 토요일 분위기에서 부활 주일 분위기로 이동하는 사역은 모호함을 다루는 데서 그치지 않는다. 우리는 갑작스럽게 밝게 빛나는 영광 가운데 모든 사역을 비추는 청명한 빛의 세계 속으로 들어가지 않는다. 부활하신 예수께서는 그의 현현 가운데 임재하셨으나, 항상 인지되진 않으셨다. 오늘날에도 이러한 익명성이 일반적 경우라고 가정하는 것이 합당하다.

이는 이 땅에 발을 내딛고 사는 우리와 긴장을 일으키는 관념이다. 그리고 이는 우리를 "예수님이 대답이시다."라는 식의 피상적이고, 과시적 승리주의

로부터 보호해준다. 실제로 우리는 예수님이 대답이심을 사실로 믿는다. 그러나 그분이 대답이 되시는 방식은 우리 보기에 항상 명료한 것은 아니다. 의심할 바 없이 하나님의 방식은 언제나 신비 속에 가리어져 있다. 그리고 심지어 익명적 예수께서 성령을 통해서 우리의 목회적 불확실성 가운데 자신을 보여주신다는 의미가 무엇인지 언제나 즉각적으로 뚜렷하게 드러나지도 않는다. 다른 한편, 나는 부활의 현현이 지닌 익명성의 기반 위에서 우리가 민첩한 목회적 안목으로 얻을 수 있는 것보다 언제나 더욱 많은 일들이 일어난다는 희망을 갖는 것이 위로가 됨을 발견하게 된다.

목회자들은 쉬운 대답이나 준비된 해결책, 즉각 실현될 수 있는 희망을 찾을 수 없는 수많은 종류의 상황에 처하게 된다. 목회자가 막다른 길에 처하는 경우는 다반사이며 아마도 일상적일 것이다. 우리가 다루어야 할 죄의 문제는 구제 불가능해 보이기도 한다. 우리가 말을 걸려고 해도 침묵의 상황은 도저히 뚫고 들어갈 수 없어 보인다. 우리가 진정시키고자 하는 감정의 아픔은 도저히 헤아릴 수 없어 보인다. 우리가 풀려고 하는 삶의 얽히고 설킨 상황은 해결이 불가능해 보인다. 그리고 이 모든 상황 한 가운데서 우리는 성령의 임재로부터 불어오는 부드러운 숨결을 느끼지 못하며 하나님의 지혜를 알지도 못하겠고 하나님의 부활의 승리가 이 상황에 적용되기에는 아득히 멀어 보인다. 한 현명한 친구는 이 상황을 내게 다음과 같이 표현했다. "예수님이 그렇게 크고 강하시며 승리의 주님이시라면, 왜 나는 그분의 임재를 그렇게 자주 느끼지 못하는 걸까? 왜 내가 주님의 말씀을 설교하고 가르칠 때에 사람들의 삶에서 성령의 열매가 활짝 맺히지 못하는 걸까? 만일 예수께서 우주를 다스리시는 주님이시라면, 왜 심지어 목회의 작은 문제들마저도 해결하기엔 그토록 어려운 것일까?"

　이러한 질문들은 간편한 대답으로 풀리지 않는다. 그러나 부활 신앙에 대한 진술은 여전히 적절하다. 즉, 예수께서 함께 하시겠다고 약속하신 사실이다. 문제는 우리가 그를 볼 수 있느냐, 그를 인식할 수 있느냐가 아니다. 문제는 성령 안에서 예수님이 현존하심을 신뢰하느냐, 그리고 적절한 때가 되면 그의 은혜 안에서 예수께서 자신의 임재와 목적을 드러내시기를 기도하느냐 하는 것이다. 부활 주일과 승천일 분위기의 목회는 예수 그리스도를 증언하며 특별히 그분의 익명성을 자주 인식하는 것이다. 이는 예수께서 죄인들을 위해 죽으시고 다시 살아나셨기 때문에 죄는 구제불가능하지 않음을 신뢰하는 사역이다. 이는 말씀이 육신이 되셨고 그 육신을 입으신 예수께서 살아나셨기 때문에 뚫고 들어가지 못할 침묵의 상황은 없음을 신뢰하는 사역이다. 이는 예수께서 진리이시며, 진리는 무덤 너머에서 살아 역사하기 때문에 헤아리지 못할 감정의 아픔은 없다는 사실을 신뢰하는 사역이다. 이는 예수님이 대답이시고, 그는 우리를 홀로 내버려두지 않으시기에 복잡하게 꼬인 삶이라 할지라도 해결 불가능한 것은 없음을 신뢰하는 사역이다. 우리는 하나님께서 그의 목적을 어떻게 이루어가실지 다 알 수 없다. 그러나 하나님이 예수님을 통해서 그리고 성령 안에서 그렇게 역사하신다는 사실이 우리가 날마다 명심해야 할 목회적 신앙의 특성이다.

## 몸의 부활: 불연속성

지상에서 육신의 속성을 입으신 예수님과 부활 현현을 통해 육신의 속성을 입으신 예수님 사이에는 불연속성도 있다. 누가복음 24:15절과 36절에 나오는 예수님의 갑작스러운 현현과 누가복음 24:51의 승천 기록을 살펴보라. 분명히 우리는 전혀 새로운 경지의 경험과 담론 속으로 들어갔다. 시간과 공간 모두 부활하신 예수님의 행동에 의해서 깊은 차원에서 규정되는 것으로 보인다.

육체의 한계로 용납되는 경지를 넘어서 부활하신 예수님의 몸이 보여주는 극적인 효과는 요한복음 20:19에서 고조된다. 그 본문은 문이 잠겨 있음을 강조한다. 그러나 예수께서 오셨고 그들과 함께 서계셨다. 우리는 그분이 잠긴 나무 문을 통과해서 들어오셨다고 추론할 필요가 없다. 단지 그 봉인된 방이 그분의 나타나심에 장애가 될 수 없음을 배워야 한다. 예수께서는 어떻게 그렇게 하셨을까? 신약 성경은 그러한 질문에 답하는 데에는 관심이 없다. 사도들은 일어난 사건을 진술하는 것으로 충분했다.

부활하신 예수님의 현현에 대한 기록들 가운데서, 그의 승천 사건은 순서의 흐름상 가장 두드러진 불연속성을 지닌다. 예수께서 승천하실 때는 그의 제자들을 영원히 떠나시는 것처럼 보였다. 오직 예수께서 바울에게 나타나심으로 그분이 떠나신 사건이 마침표가 아님을 일깨워주었다.

우리가 내릴 수 있는 결론은 무엇일까? 부활하신 예수의 현현에 대한 기록들 가운데 나타나는 신비와 설명 불가능성 모두를 고려해볼 때 가장 중요한 점은 부활하신 예수님의 현현에는 연속성과 불연속성이 함께 연결되어 있다는 사실이다. 모든 것을 연결시키는 이는 바로 예수님이시다. 지상의 몸과 부활의 몸을 모두 지니신 예수님의 지속적인 통일성에는 일관됨이 있다. 여기에 애벌레가 나비가 되는 진화의 과정과 같은 변형은 존재하지 않았다. "제자들이 주님이신 줄 아는 고로 당신이 누구냐 감히 묻는 자가 없더라."(요 21:12) 예수께서 부활하신 이후에 육체적 몸을 갖게 되는 과정에서 하나님의 손길이 개입한 흔적도 보이지 않는다. 그의 육체성은 성경에서 강조되고 있다. 복음서의 기록들은 마치 성스러운 종류의 경험인 듯이 진술되지 않는다. 그러므로 예수님을 신학적으로 충분하게 표현하는 기록인 기독론의 과제는 그분이 몸으로 부활하셨다는 사실이 우리가 그분을 이해하는데 있어서 어떠한 의미를 지니는지를 포함해야 할 것이다. 이제 우리는 아마도 더욱 깊이 있게 사도행전 9:5에 나오는 사울의 "누구시니이까?"라는 질문을 이해할 수 있을 것이다. 그러나 성경에서 증언되고 성령 안에서 우리와 함께 하시는 부활하신 주님에 비추어 볼 때, 이 "누구시니이까?"라는 질문은 우리에게도 가장 중대한 질문이다.

## 목회적 질문

한 여성이 집회에서 목사님을 찾아왔다. 그녀는 거동할 수는 있었으나 힘겨워 보였다. 그녀의 눈썹에는 땀방울이 송곳이 맺혀있었고 그녀의 손가락 관절은 그녀를 걷도록 도와주는 목발을 꽉 움켜쥐고 있었다. 그녀는 불편한 한쪽 발을 질질 끌며 나왔다. 눈빛에는 깊은 피로가 보였다. "저와 애기 좀 나눌 수 있을까요?"

그때는 부활을 주제로 한 집회였다. 그리고 몸의 부활에 관해서 아주 희망에 찬 강연들이 있었다. 그 젊은 여인이 대답을 듣기 원했던 질문은 바로 이것이다. "제가 부활하면 지금 이 몸을 그대로 가져가나요?" 그녀는 자신의 몸 때문에 지쳤고, 그 고통스러운 한계에 억눌려 왔으며, 때로는 아직도 살아야 할 세월이 많다는 사실에 절망하곤 했다. 그녀의 현재 육신과 부활한 육신 사이의 연속성은 좋은 소식으로 들리지 않은 것이다. 그러나 그녀는 현재의 육신 안에서 인격적인 존재로 있다. 현재는 고통스러운 불구의 몸이지만, 그 몸을 안고 있는 그녀에게 소망은 존재한다.

기독교적 소망은 부활의 몸이 우리의 현재 육신과의 연속성 뿐 아니라 불연속성도 지니고 있다는 사실에 있다. 젊은 여인의 소망은 새로워지는 몸이다. 그녀 자신의 몸이지만 온전해지는 몸이다. 예수께서는 그분의 부활하신 몸으로 인지되었다. 그리고 경험적 증거를 요구하는 도마의 요청에 예수께서는 응답하셨다. 그러나 예수님의 부활하신 몸에 여전히 상처가 남아있는데도 불구하고, 우리가 감히 그의 부활하신 몸에 이러한 상처를 이긴 승리가 담겨있다고 말할 수 있을까? 여기에는 양 측면이 공존한다. 우리의 현재 육신과의 연속성과 우리의 현재 육신과의 불연속성이라는 양 측면이다. 이는 우리에게 신비로 다가오기 때문에, 언어로 설명하기 보다는 침묵과 적절한 절제가 더 필요하다. 그럼에도 불구하고, 부활하신 예수님의 몸이 지니는 불연속성과 연속성의 관계는 우리 몸의 미래를 위한 희망을 충족시켜 준다. 왜냐하면 우리 몸의 미래는 탈 육화된 개인의 존재가 어느 정도 인식 가능한 방식으로 지속되기 때문이다.

### 여덟 번째 걸음: 순교자의 삶

우리의 목회에 매우 근본적인 것으로서 말해야 할 것이 있다. 이를 빼놓는다면 목회는 필연적으로 성 토요일 분위기에 사로잡힐 수 밖에 없다. 그것은 바로 목회의 핵심은 부활하신 주님을 증언하는 것이라는 사실이다.

목회는 신학적 행위다. 목회를 신학적으로 만드는 바로 그것이 목회를 만든다. 즉, 하나님이 역사하신다는 사실이다. 그리고 하나님은 항상 해오셨듯이 말씀 안에서, 말씀을 통하여, 말씀으로서 오늘도 역사하신다. 말하자면, 하나님은 성령의 은혜 안에서, 그리고 그 은혜에 의해서 우리를 향해, 우리를 위해 임재하시는 예수님의 지속적 사역을 통해서 역사하신다. 이러한 진술에는 엄청난 운명이 달려 있다.

하나님은 마치 예수님이 하나님의 더욱 크신 목적을 중복하시거나 그 목적에 부수적인 존재인 양 예수님 등 뒤에서 역사하지 않으신다. 예수 그리스도의 유일한 주권에 대한 신약 성경의 확증은 견고한 위치를 점하고 있다. 그것은 궁극적으로 예수님의 부활이 갖는 의미이다. 구원을 위한 하나님의 사역에는 축소될 수 없는 기독론적 본질이 담겨져 있다.

"하나님이 역사하신다."는 의미는 기독교 신앙과 삶과 사역은 관념화되고 신화적인 의미 체계 위에 세워진 것이 아니라 오늘도 시간과 공간 속에서 자신의 지속적인 은혜와 사랑과 교통 가운데 역사하시는 주님과의 인격적 관계 위에 자리 잡는다. 주 예수와의 인격적 관계를 언급하는 것은 친숙한 표현일 것이다. 그러나 그분의 사역을 공유한다는 의미에서, 또는 더 나은 표현으로는 그분의 사역에 동참한다는 표현으로 인격적 관계에 대해 생각하는 것은 새로운 발상일 것이다. 이러한 발상의 크기는 실제로 어마어마하기 때문에 우리가 하는 일에도 좋은 소식이 된다.

"하나님이 역사하신다."는 의미는 언제나 강조가 우리 자신이 아니라 예수 그리스도께 놓여 있음을 의미한다. 초점은 그리스도께서 약속에 신실하심으로 우리를 사랑하시고 용서하시며 복 주시는 하나님으로 임재하신다는 사실이다. 우리가 사랑받고 용서받고 복 받는 경험이 아무리 그 나름대로 중요하게 보일지라도 거기에 초점이 놓여있지 않다. 즉, 하나님께 용납될 만한 삶과 사역을 성부께 드렸고, 또한 계속해서 드리시는 인간으로 오신 하나님께 초점을 맞춰야 한다.

하나님께서 예수님의 사후 영향력이나 성령의 모호한 운행 이상으로 역사하신다고 과감히 생각해 보라. 능숙한 목회적 돌봄의 소명 보다 훨씬 더 근본적인 그 무엇이 진행 중이다. 우리가 물어야 할 질문은 다음과 같다. 오늘날 우리를 위한 예수 그리스도는 누구이시며, 예수께서는 무슨 일을 하시는가? (또한 예수께서 무엇을 하시려는가? 그러나 그러한 질문으로 현재 우리를 묶어둘 필요는 없다.) 말하자면, 나는 성령 안에서 현존하시고 역사하시며 다스리시는 이스라엘의 구세주이신 그 이름 예수이신 주님께 호소하고 있는 것이다. 우리는 그분과의 관계 안에서, 그리고 그분이 하시려는 일에 우리가 동참한다는 관점에서 신앙과 사역의 실천을 이해해야 한다.

그리스도의 사역에 참여한다는 것은 우리가 그의 생명을 공유함을 의미한다. 그분이 누구시며 그분이 무슨 일을 할 것인가가 우리가 하는 목회의 모든 직무를 규정한다. 그리스도가 계시는 곳마다 교회의 사역이 존재한다. 그보다 못하게 말하는 것은 예수님의 부활과 승천을 단순한 은유로 평가 절하하는 셈이다. 그것은 예수님을 요셉의 무덤에 시신으로 내버려두는 것과 같다. 우리의 사역이 그리스도를 현존하게 하고 가능하게 하는 것이 아니라, 현존하시고 살아계신 그리스도께서 우리의 사역을 가능하게 하신다.

우리가 제일 먼저 할 일은 순교자가 되는 것이다. 누가복음 24:48은 우리가 증인이라고 말한다. 이는 헬라어로 순교자라는 의미인데, 바로 다음과 같은 일들에 대해서 순교의 증인이 되라는 것이다. 구세주께서 고난 받으시고 사흘 만에 죽은 자 가운데서 다시 살아나셨다. 죄의 회개와 용서가 그의 이름으로 열방에 선포될 것이다. 순교자는 증언하는 자이다. 이는 죽음을 무릅쓰고 증언한다는 의미에서 피의 순교라 불린다. 그러나 반드시 그와 같은 종국적 희생을 동반할 필요는 없다. 여기서 의미하는 바는 그리스도인들은 주 예수께 헌신한 백성으로서 자신들의 삶을 그분께 의탁해야 한다는 것이다. 특별히 복음의 사역자로서 우리의 할 일은 주님이신 한 분을 증언하는 것이다.

우리가 하는 모든 일에서 가장 중요하고 결정적인 직무는 예수 그리스도, 곧 부활하시고 다스리시는 그분을 증언하는 것이다. 신실한 순교자이자 신실한 증인이 되려면, 우리는 쉬지 않고 기도해야 한다. 아무리 헌신된 신학자라 할지라도 만일 주님을 모른다면 당신은 그 주님을 증언할 수 없다. 그래야만 우리가 섬기도록 부름 받은 이들을 사랑으로 품을 수 있게 된다. 우리는 예수 그리스도를 증언함으로 예수 그리스도를 섬기도록 부름 받았다. 그렇게 함으로써 우리는 사람들을 바로 섬기고 교회를 바로 세우게 된다. 우선순위가 바로 세워져야 한다. 예수 그리스도가 먼저다.

## 첨언: 증거는 복잡한 주제다

내가 이번 장에 첨언을 덧붙이는 것은 본문 중에서 다루기에는 아무리 유익하다 할지라도 논의를 깨뜨릴 위험이 있었기 때문이다.

우리가 부활하신 예수님의 현현에 대한 기록을 되돌아볼 때 어떠한 증거를 제시할 수 있겠는가? 증거는 복잡한 주제다. 법률적 측면에서 증거는 관련된 이들을 보호하고 법적 과정의 정당성을 유지하기 위해 모든 종류의 소송들에 첨부된다. 과학적 측면에서 증거란 더 큰 과학자들의 세계에 의해서 입증과 반증에 열려 있는 엄정한 실험에 의해서 검증된다. 증거의 이론들은 각 분야에서 연구 주제에 따라 자기 나름대로의 적절한 기준을 개발함에 따라 철학자들 사이에서 논의된다. 우리가 개구리를 연구하는 방식은 우리가 아름다움을 연구하는 방식과 다르다. 우리가 아름다움의 비늘을 벗기며 연구할 수 없다고 해서 미학이 합법적인 연구와 담론의 분야가 되지 못하는 것은 아니다. 각 분야마다 주제 사안의 성격에 맞게 수집되는 증거가 있을 뿐이다. 증거는 단 하나의 보편적인 적용이 아닌 다층적 개념이다. 유일한 잣대는 탐구의 방식이 주제의 사안에 적합해야 한다는 것이며, 주제의 사안이 바뀌면 증거의 성격 또한 그에 따라 바뀔 것이다.

우리는 측정할 수 있는 엄밀한 실험적 경험으로만 이루어진 증거라야 의미있다는 20세기 중반의 실증주의 관념에서 벗어났다. 우리가 그와 같은 패권주의 철학의 공격으로 난타를 당할 이유가 없는 것이다. 누가 한 분야의 연구 방법과 실재에 대한 결론을 다른 모든 분야에까지 규범화시켰는가? 왜 우리는 잠시 동안이라도 모든 지식이 동일하게 같은 속성이나 종류여야 한다는 생각을 품어야 하는가? 모든 지식은 소위 경험 과학과 유사성을 띠게 되었다. 사실상, 사실(fact)이 문제다. 과학은 난해한 신비와 신앙적 전제들로 가득하다. 자연이 오늘 연구된 것과 마찬가지로 내일도 그러하리라는 것은 조금도 신앙과 다를 바 없다. 양자이론에서 명백한 신비를 보여주는 두 가지 예를 들어보자. 모든 빛의 입자들은 동시에 파동이기도 하다. 그리고 진공 상태(즉, 아무 것도 없는)는 그저 빈 공간으로 보인다. 사실상 진공 상태란 사실상의 물질 입자들과 그것들의 반 물질적 대응물들로 가득하다. 이것들은 존재와 비존재 사이를 획획 오간다. 따라서 그것들은 보이지 않는다.(*The Economist*, May 24-30, 2008) 다양한 종류의 신앙과 신비는 인식론적 범주를 넘어서서 적용되는 것으로 보인다.

신학에서 증거의 본질은 무엇인가? 이는 대답하기에 매우 어려운 질문이다. 여기서 스펙트럼이라는 개념을 생각해보자. 한쪽 끝에서, 즉 신학적으로 우리는 역사의 사건들을 기준으로 삼는다. 신학은 역사적 증거의 잣대를 따른다. 예수께서 실존하셨다. 최소한 이는 일반적인 용어의 관례상 역사적 진술이다. 그러나 역사적 진술은 지속적으로 반박된다. 왜냐하면 그러한 진술은 주제 사안의 성격이 한물 지나가고 늘 새로운 해석 가능성에 놓이면서 유동적이 되기 때문이다. 과거는 우리에게 제한된 방식으로만 가능해지며, 따라서 역사적 지식은 필연적으로 잠정적인 성격을 지닌다. 더욱이 한 독보적인 사건에 대한 역사적 증거의 속성은 무엇이며, 누가 그 증거의 잣대가 타당한지를 결정할 수 있단 말인가? 신학에서 우리는 과거의 문헌들을 다루기도 하며, 그에 대한 해석은 언제나 계속되는 과제일 것이다. 단번에 정립되는 의미는 없다. 저자의 의도는 최종적이고 결정적인 결론이라기보다는 기껏해야 근거 있는(educated) 판단일 뿐이다.

우리의 스펙트럼 중간 어딘가에서 우리는 또한 하나님과의 관계로서 신앙의 경험에 대해 말해야 한다. 이는 "예수께서 사셨다."라고 말하는 것만으로는 충분하지 않다. 신앙 안에서 우리는 또한 "예수께서 살아계신다."고 말해야 한다. 모든 신학적 진술들에는 심리적이고 자전적인 요소들이 있다. 왜냐하면 우리는 각각 "내가 믿는다."는 사실을 고백하지 않고는 신학할 수 없기 때문이다. 유명한 안셀름은 신학을 '이해를 추구하는 신앙'(faith seeking understanding)이라고 정의했다. 이는 신앙이나 우리 자신이 신학의 주제라는 말이 아니다. 신학의 주제는 하나님이시다. 그러나 하나님은 신앙으로 이해될 수 있다. 신앙은 교리에 대한 동의 이상의 관계다. 이는 장 칼뱅이 「기독교 강요」맨 앞부분에서 선언한 바와 같이 하나님을 아는 지식과 우리 자신을 아는 지식이 한데 묶여 있음을 의미한다. 하나님은 우리와 대면하신다. 또한 우리를 대면하시는 이가 하나님이시다. 우리는 우리가 연구하려고 하는 그분과의 인격적 관계 안에 거하는 것과 신학함을 분리시킬 수 없다. 하나님과의 관계에서부터 우리는 우리가 믿는 분을 더욱 깊이 이해하기를 추구하는 것이다.

스펙트럼의 반대 편 끝에서, 신학자들과 설교자들은 하나님에 관해 이야기한다. 이 하나님은 분명 우리의 사고와 언어 범주 안으로 담을 수 없는 분이시다. 그러면 신학적 진술은 무엇을 가리킨단 말인가? 어떠한 종류의 증거에 의존해서 우리는 하나님, 주님, 전능자, 하늘과 땅의 창조자를 말하는 것인가? 우리는 창조의 언어로 어떻게 창조자에 관해서 말하는가? 그리고 우리의 언어가 그 가리키는 바에 합당함을 우리는 어떻게 확인할 수 있는가?

신학에서 증거의 성격이라는 주제가 광대하고 다층적이며 난해한 것은 사실이다. 그러므로 이 주제를 면밀히 검토해서 우리가 부활하신 예수님에 관해서 얘기할 때 어떤 종류의 증거에 의지해야 하는지를 탐구해보자. 첫째로, 우리가 아는 부활하신 예수님 외의 다른 것에 호소할 길이 없다. 그분이 친히 증거가 되신다. 부활에 상응할 만한 유사한 실체는 존재하지 않는다. "부활은 ○○○과 같다."라고 우리가 채울 수 있는 공란은 아무 것도 없다. 그러니 교회들의 배너에서 나비를 떼어야 한다! 부활은 비유적 표현으로 설명되지 않는다. 왜냐하면 나비와 부활하신 예수님 사이에는 전혀 비례하는 바가 없기 때문이다.

부활하신 예수님의 현현과 더불어 우리는 다른 그 무엇과 비견될 수 없는 표면상의 역사적 사건과 마주한다. 역사학도들은 과학도와 마찬가지로 독보적 사건을 다루는데 있어서 많은 어려움을 겪는다. 그러나 독보성이란 신학의 주제를 규정짓는 특징이다. 이는 우리가 증거를 위해서 수고할 필요가 없다는 뜻이 아니다. 이는 신학이 그 나름의 주제에 합당한 방식으로 증거를 이해할 필요가 있다는 뜻이다. 그리고 한 분야의 연구, 보통 경험 과학 분야의 연구가 신학에도 적용되어야 한다는 식의 패권적인 주장을 하지 않는 한, 신학이 그 나름대로 합당한 증거 방식을 지니는 게 옳다는 말은 전혀 이상하지 않다.

둘째로, 부활하신 예수께서는 제자들에게 나타나셨다. 우리는 제자들 뒤를 조사할 수 없다. 이를테면, 그들이 남긴 기록의 배후를 캘 수는 없단 말이다. 예수님의 부활에 대한 우리의 지식은 제자들의 예수님 경험에 매어있다. 달리도 가능했을까? 우리는 오직 주어진 것만 놓고 다룰 수 있을 뿐이다. 귀납적 신학 방법론에 따르면 우리는 제자들의 경험으로부터 우리의 결론을 형성하게 되는 것이다. 그와 같은 방식은 우리와 같은 피조물들이 앎을 익히는 방식에 하나님이 지속적으로 스스로를 맞추어 주신 속성이며 형태라 할 수 있다. 우리가 다른 식으로 접근할 길은 없다. 속사도 시대의 성자인 안디옥의 이그나티우스(Ignatius of Antioch)는 부활이 하나님의 침묵 안에서 일어났다고 말했다고 한다. 부활의 증거는 어디에도 없으며, 오직 예수님만이 증거이시다. 그러므로 우리는 제자들의 증언을 신뢰해야 한다. 내가 보기에, 성경의 권위에 관한 논의를 둘러싼 진정한 문제는 문헌의 형이상학에 관해서라기보다는(그 신학적 기원이나 권위의 성격 등) 자신들이 보고 듣고 믿었던 바를 써 내려간 사도들의 정직성과 정확성을 우리가 기꺼이 신뢰할 수 있느냐 하는 데에 있다.(요일 1:1-3) 성경의 정경성이란 교회에서 사용됨에 있다. 이는 우리가 하나의 거룩한 보편적이고 사도적인 교회를 믿는다고 고백할 때 의미하는 바이기도 하다.

셋째로, 그리고 의심자들이 공격할 거리이기도 한데, 우리는 성령의 내적인 증거에 의존해야 한다는 점이다. 왜냐하면 신앙은 신학적 지식을 위한 조건이 되는 경험의 범주이기 때문이다. 교회는 신학적 방법론을 위해서 요한복음 6:69을 오랫동안 숙고해왔다. 이 구절은 우리가 마가복음 8:27-30과 병행구절들에서 보는 빌립보 가이사랴 이야기의 요한복음 판 변형이다. 예수님의 가르침으로 인해서 많은 제자들이 그분을 떠나 버렸다. 예수께서는 열두 제자에게도 그들 또한 떠나려는지 물으셨다. 베드로가 대답한다. "주여 영생의 말씀이 주께 있사오니 우리가 누구에게로 가오리이까? 우리가 주는 하나님의 거룩하신 자이신 줄 믿고 알았사옵나이다."(요6:68-69) 여기에 신학적 지식에 이르는 순서가 있다. 믿은 다음에 알게 되는 것이다. 또는 다르게 말한다면 우리는 오직 예수님께 대한 신앙의 관계 안에서만 그분을 주님으로 알게 되며, 이는 그분이 우리와 대면하신 결과이다.

# 4장

# 부활하신 예수

이제 부활하신 나사렛 예수에 대한 우리의 성찰을 신학적으로 면밀하게 살펴 볼 시점이 됐다. 지금까지의 모든 논의들이 이 주제로 귀결된다. 이 장에서 이 책의 신학적 목표를 다룰 것 같다. 우리가 성 토요일 분위기의 신앙과 사역에서 부활 주님의 기쁨과 소망을 공유하는 삶으로 성공적으로 이동하려면, 혹은 더 나은 표현으로 신실하게 이동하려면, 우리는 부활하신 예수의 신학을 정말로 아주 진지하게 탐구해야 한다. 이는 기독교 신앙의 기관실에 해당된다.

논의해야 할 많은 주제들이 있다. 나는 기독교 신앙에 있어서 부활하신 예수의 중심적 위치에 대한 간략한 촌평과 더불어 시작하고자 한다. 이를 위해 나는 앞장들에서 제시된 몇 가지 의견들을 모아서 논의하고자 한다. 특성화 시키기 어려운 한 논의를 진행하고자 하는데, 내가 다루고자 하는 주제는 부활의 성격에 관한 것이다. 비록 더 잘 표현될 수 있는 단어가 생각이 나진 않지만 성격(nature)이라는 단어는 몹시도 부정확하다. 나는 먼저 예수님의 인격에 대한 우리의 이해에 미치는 부활의 영향에 대해서, 그 다음에는 예수님의 사역에 대한 우리의 이해에 미치는 부활의 영향에 대해서 검토할 것이다. 앞장에서와 마찬가지로 이러한 검토를 통해서 나는 우리를 성 토요일 분위기의 사역에서 부활 주일 분위기의 사역으로 전환시키는 여러 단계들을 엮어보려 한다.

## 예수께서 살아계신다

예수께서는 살아계신다. 이는 분명히 기독교의 중심적 고백이다. 부활하시고 승천하신 예수의 중심성은 기독교 신앙과 사역에서 강조점이 그의 생명에 있음을 의미한다. 이는 우리가 말한 그대로다. 예수께서는 그리스도의 원리로 하나의 세계관으로 또는 교회의 의식 속으로 부활하신 것이 아니다. 더군다나 부활의 고백은 그의 부활이 실제로는 말 그대로의 사실이 아닌 줄 다 알면서도 우리로 마치 그가 살아계신 것처럼 믿고 행동하게 하는 은유가 아니다.

"예수께서 살아계신다" 라는 주장은 신약 성경의 중심적 관점이다. "그리스도께서 다시 살아나신 일이 없으면 너희의 믿음도 헛되고…."(고전15:17) 부활하신 예수는 신앙과 사역과 신학적 성찰이 그 주변의 궤도를 도는 태양과 같다. 하지만 "예수께서 살아계신다"라는 담백한 고백은 가장 깊은 신비와 신학적 심오함의 문제이기도 하다. 왜냐하면 죽음에 이르렀던 그의 삶은 이제 생명에 이르는 삶으로 바뀌었기 때문이다. 하지만 이는 우리가 기술적인 혼동 속에서 방황해야 한다는 말은 아니다. 결국, 부활하신 예수의 신학은 무엇보다도 먼저 설교해야 할 신학이 되어야 한다! 정말로 이는 설교되어야 할 신학이다.

신약 성경의 신앙은 부활 신앙이다. 살아계신 주 예수님을 믿는 신앙이다. 살아계시고 다스리시며 역사하시는 예수님이 중심 주제다. 예를 들어, 잠시 신앙의 위대한 기도문들이 끝나는 결말 부분을 살펴보자. "영원히 **살아계셔서 무리와 함께 다스리시는** 우리 주님이신 예수 그리스도와 성령님과 유일하신 하나님이 영원토록 함께 하실지어다. 아멘." (밑줄 친 강조는 저자의 것) 이는 부활과 승천의 고백이다. 기독교 기도의 핵심부에서 우리는 삼위일체적이고 기독론적인 신앙의 구조를 보게 된다.

부활하시고 승천하신 예수님이라는 결합된 이중 렌즈를 착용한 것처럼, 신약성경의 공동체는 "죽으신 분께서 이제 새로운 방식으로 살아계신다."는 관점에서 예수님의 인격과 사역을 전적으로 이해하게 됐다. 그분은 살아 계시다. 결코 다시는 죽지 않으신다. 그분은 살아계시고 모든 시간과 공간을 다스리시는 주님이시다. 그분은 살아계시며, 다시 오셔서 만물을 성부께 바칠 것이다. 이는 종료되었던 그분의 부활과 승천과 더불어 지금은 비록 성령을 통해서이긴 하지만 지속되고 있다는 의미다. 오순절 이후로 계속해서 부활과 승천의 주를 따르는 공동체는 성령의 은혜와 자유 안에서 능력을 부여받고 있다. 이러한 진리에 의해 붙들리지 않는다면, 신약 성경의 의미에서 볼 때 정말로 기독교 신앙은 존재할 수 없다. 부활 주님의 기쁨과 소망 안에서 사역의 가능성도 없다.

우주의 보좌에 앉으신 '팬토크레터'(*Pantocrator*: 우주의 주인), 그 한 분만을 강조해야 한다. 진리이시고 모든 실재의 근원이신 한 분, 모든 경이로움과 신비 가운데 궁극적으로 존재하시며 살아계신 한 분. 바로 부활하시고 승천하신 예수님이시다.

## 아홉 번째 걸음: 당신의 시선을 예수께로 향하게 하라

375년에 가이샤라의 교부였던 대 바실(Basil the Great of Caesarea)은 「성령에 관해서」(*On the Holy Spirit*)라는 매우 유명한 작은 책을 썼다. 그 책의 논의 끝 부분에서 동편을 향한 기도(§66) 등과 같이 초기 교회의 구전 전통에 대해서 언급한다. 바실은 지나가면서 언급했지만, 나는 의도성(intentionality)이라는 관념이 유익함을 발견했다. 우리는 어느 쪽으로 방향을 잡고 있는가? 또는 이를 달리 표현하면, 내가 향하고 있는 방향이 내가 무엇을, 또는 누구를 보고 있는지를 결정하는 것은 아닌가? 눈은 영혼을 들여다보는 창이라고 하는 오래된 그리스의 전통이 있다. 우리가 눈으로 보는 것은 우리의 영혼에 영향을 준다. 로마교회의 수도원 전통에는 "눈을 조심하라."는 주의 깊은 경고가 있다. 이는 우리의 눈이 영혼을 마비시키며 인격을 훼손시키는 온갖 볼거리들에 의해 공격 받는 지금의 문화에서 필요한 조언이다. 문화적인 측면에서 우리는 귀(ear)가 아닌 눈(eye)의 사람들이 되었다. 텔레비전의 광범위한 영향력이 단적인 증거다. 빠르게 움직이는 이미지들이 우리의 삶을 지배하고 있다.

아마도 우리는 잘못된 방향을 향해서 계속 잘못된 것들을 보고 있기 때문에 성 토요일 분위기에 사로 잡혀 있는지도 모른다. 만일 그렇다면 우리는 방향을 바꾸기 위해 눈의 영성을 연습해야 할 필요가 있다. 예를 들어, 만일 우리가 이를테면 자기 자신만을 바라보는 영적인 거울을 바라봄에 자기도취적으로(narcissistically) 빠져 있다면, 우리는 단지 잘못된 방향만을 바라보는 것이 아니라 잘못된 것을 바라보고 있는 셈이다. 마찬가지로, 우리의 시선이 회중을 바라봄에 고정되어 있다면, 즉 프로그램이나 사역활동 등과 같은 것들에만 고정됐다면, 우리는 잘못된 것을 바라보고 있는 것이다. 또한 다른 그림으로 보면, 우리는 어떻게 해서든 눈을 질끈 감아 버림으로써 상처 입은 눈을 더 이상 악화시키려 하지 않으려고도 한다. 그렇게 하면 어느 정도 도움은 되겠지만, 별로 긍정적인 방식이라 보기 힘들다.

부활 주일 분위기로 들어서고 확고히 자리잡기 위해서 우리는 신앙의 선구자요 온전케 하시는 이(히12:2)인 예수님을 바라보는 훈련을 해야 한다. 찬양의 가사처럼 "눈을 주님께 돌려 그 놀라운 얼굴 보라." 이것이 바로 내가 주장하는 말이다. 그런데 바울이 말한 바와 같이 우리가 지금은 거울을 보는 것처럼 희미하다. 즉, 우리가 살아계신 주님을 이해하는 수준은 미흡하다. 그분은 우리가 단순히 말할 수 있는 것보다 훨씬 크시기 때문이다. 그러나 우리가 주님을 향하여 보는 한, 우리는 적어도 신앙의 온전한 대상을 보고 있는 것이다. 신앙의 대상은 신앙 그 자체도 아니며 회중도 아니고 심지어 일반적으로 이해되는 의미에서의 신도 아니다. 신앙의 대상은 예수님, 곧 살아계셔서 다스리시고 역사하시는 주님이시다. 그분이 우리 관심의 초점이다. 그분께 우리의 관심을 집중하기 위해서는 우리가 향해야 할 방향에 의도를 부여해야 한다. 우리가 예수님께 시선을 돌릴 때 무슨 말을 해야 할까? 또한 우리가 그렇게 하면 우리의 목회에는 어떠한 결과가 벌어질까?

### 그분의 사역을 공유하라

우리는 예수님의 생명을 공유함으로 그분의 길을 따른다. 가장 좋은 은유는 유기체의 원리다. 가지가 포도나무에 붙어있는 것처럼, 우리는 주 예수 안에 거한다.(요15:1-11) 우리는 그리스도의 몸으로서 모든 일에서 머리되신 그분에게까지 자라고 있는 것이다.(엡4:15) 그리스도와의 연합을 이룸을 통해서 우리의 삶은 결국 예수님의 가르침에 따른 특정한 행동 경향을 갖추게 된다. 에베소서는 다음과 같이 우리에게 권고한다.

> "그런즉 거짓을 버리고 각각 그 이웃과 더불어 참된 것을 말하라. 이는 우리가 서로 지체가 됨이라. 분을 내어도 죄를 짓지 말며 해가 지도록 분을 품지 말고…도둑질하는 자는 다시 도둑질하지 말고 돌이켜 가난한 자에게 구제할 수 있도록 자기 손으로 수고하여 선한 일을 하라. 무릇 더러운 말은 너희 입 밖에도 내지 말고 오직 덕을 세우는 데 소용되는 대로 선한 말을 하여 듣는 자들에게 은혜를 끼치게 하라…너희는 모든 악독과 노함과 분냄과 떠드는 것과 비방하는 것을 모든 악의와 함께 버리고…그리스도께서 너희를 사랑하신 것 같이 너희도 사랑 가운데서 행하라."(엡4:25-26, 28-29, 31, 5:2)

예수께서 객관적으로 주어진 생명을 지니고 계시기에 우리는 존재 깊은 곳에서 근원이신 예수님과 관계를 맺는 신앙을 갖게 된 것이다. 그리고 그러한 관계를 반영하는 방식의 삶을 살게 되었다.

그러므로 예수께서는 종교의 창시자로 이해될 수 없다. 그분은 모든 종교적, 도덕적 성취를 넘어서는 주님이시다. 우리가 한줌의 경건이나 도덕적 노력으로 그분에게 이를 수 있는 것이 아니다. 그래서 "우리는 야곱의 사다리를 올라가네."(We Are Climbing Jacob's Ladder)라는 찬송이 신학적으로 심각한 결함을 지녔다고 보는 것이다. 예수께서 값없는 은혜와 사랑의 행위로 우리에게 오셨으며, 우리를 자신과 묶어주시고, 성령 안에서 신앙의 여정에 우리와 동반자가 되어 주셨다. 이분이 바로 기쁨과 소망의 근원이신 예수 그리스도이시다. 그러므로 부활하신 예수님은 기독교 신앙의 중심적 고백이 된다. 이 고백이 우리의 목회에 무엇을 의미하는지는 계속해서 탐구해야 할 주제다.

## 부활의 성격: 인격적 정체성

여기서 우리에게 어려운 일이 생긴다. 신약성경의 다른 어느 곳에서도 기술되지 않은, 그러면서도 피조세계의 질서 내에서는 일어날 가능성이 전혀 없는 현실의 사건이면서도 유일무이한 사건을 어떻게 말할 것인가? 부활의 '성격'은 무엇인가? 적어도 우리는 우리 자신이 가장 깊은 신비의 영역으로 들어서고 있다고 주장해야 한다.

이 신비를 표현하는 한 가지 방법은 이렇다. 예수님의 부활은 전적으로 그 자체에 근거한 역사적 사건이다. 이는 오직 예수께만 일어났던 사건이다. 그분은 성부께서 역사하심에 따라서 살아나셨다. 그러한 측면에서 이는 신학적 사건이다. 이것이 그 밖의 다른 무엇을 의미하든 간에, 최소한의 의미는 이렇다. 죽으신 예수께서 더 이상 죽음이 주관할 수 없는 그의 몸에 생명을 입고 일어나셨다. 그러므로 여전히 인간이신 예수께서 삼위 하나님의 연합 가운데 그분의 충만한 신성을 드러내고 계신다. 말은 얼마나 그럴듯한가! 우리가 표현하려 할 경우 필연적으로 말로는 한계에 부딪힌다. 그러나 우리가 그 신비를 삶으로 부딪혀보면, 즉 그 신비를 깊이 묵상할 때 몇 가지 결론을 얻게 된다.

첫 단계에서 우리는 지속적인 강조점으로 돌아가게 된다. 즉, 공생애와 부활하신 생명 사이에 예수님의 존재가 지속된다는 사실이다. "예수 그리스도는 어제나 오늘이나 영원토록 동일하시니라."(히13:8) 복음은 이와 같은 지속성을 가리킨다. 그리고 궁극적으로 그러한 지속성만이 소망을 위한 근거가 된다. 사셨던 예수님은 지금도 살아계신 예수님이시다. 그렇지 않다면, 예수님 자신에게는 전혀 미래가 없게 된다. 왜냐하면 그분은 이미 죽으셨고, 다른 실체가 그분의 자리를 대신할 것이기 때문이다. 그렇지 않다면, 그분 안에 우리를 위한 죽음 이후의 삶을 위한 미래는 없다. 성육신 때 그분의 나심과 더불어 형성된 위격적 결합, 즉 전적으로 하나님이시면서 전적으로 인간이신 한 위격 안에 두 본성이 계시는 본질적 결합은 그분의 부활 생명에서도 지속된다. 죽음과 부활의 불연속성 안에서 죽음의 한계를 넘어서서 인격적이며 인간적인 실존으로서의 연속성이 존재하는 것이다.

인격적 정체성은 온전히 파악하기에는 가장 어려운 주제다. 나는 누구인가? 신체와 경험의 변화들 가운데서도 여전히 동일하게 남아있는 존재는 누구인가? 그리 딱 들어맞진 않지만 짧은 일화로 인격적 정체성의 놀라운 성격을 예로 들어보겠다. 내 아내와 나는 릴리 재단(Lilly Foundation)의 배려로 2007년 늦은 여름과 이른 가을 사이에 영국에서 약 3개월 동안 목회자에게 주어지는 연구 안식 휴가를 만끽하고 있었다. 우리는 지난 35년 동안 못 봤던 대학의 친구들을 방문할 수 있었고 마치 오래 전에 우리가 그곳을 떠날 때 나눴을 듯한 대화의 시간을 갖게 되었다. 그러나 여기서 최고의 경험은 늦은 8월 우리가 고향인 에딘버러를 돌아다닐 때 일어났다. 그때 전혀 뜻밖에 4명의 친구들과 우연히 마주치게 되었다. 그들은 서로 이야기를 나누고 있었는데, 내가 다가가자 한 명이 돌아보더니 말했다. "안녕 앤드류, 오래만일세." 지극히 일상적인 인사였다. 오랜 변화가 있었음에도 불구하고 내 인격적 정체성이 그대로 유지되고 있음을 경험하였다. 놀랍지 않은가!

나의 경험이 죽으시고 부활하신 예수님의 인격적 정체성이 지니는 신학적 성격을 제대로 설명해주기엔 역부족이겠지만, 아마도 그 개념을 어느 정도 파악하는데 도움이 될 것이다. 따라서 부활의 '성격'에 관해 말할 때, 첫 번째 요지는 나사렛 예수께서 죽음에서 부활하셨다는 사실이다. 부활하시고 승천하신 본질 (여기서 성격이나 본질로 해석될 수 있는 nature라는 단어의 의미가 모호하긴 하지만—밑줄 친 부분은 역주) 속에서 그분은 마리아의 아들이며 베드로의 친구였던 존재와 다르지 않다. 부활하시고 승천하신 삶 속에서 예수님은 여전히 예수님이시다.

## 열 번째 걸음: 예배를 통한 구현

이 점에 있어서 나는 다시금 그리스도나 하나님이 아닌 예수님에 관해서 말하는 것이 중요하다는 점을 강조한다. 예수님에 관해서 말한다는 것은 그분의 인격적 정체성이 지속된다는 사실에 명확하게 집중한다는 것이다. 따라서 이는 우리의 생각이 추상적인 신학적 수식어들에 빠지지 않도록 도와준다. 동일한 방식으로, 이는 역동적이고 기독교적인 삼위일체 하나님에 대한 이해의 지평을 열어준다. 우리는 특별히 예배를 할 때 우리가 사용하는 언어와 연관해서 이를 볼 수 있다.

우리가 사용하는 신학적 수식어들이 바르게 사용되게 하고, 우리를 성 토요일 분위기의 사역에서 부활 주일 분위기의 사역으로 옮겨가는데 도움이 될 실천사항들을 제안해보겠다. 당신 교회의 주일 예배 시에 사용하는 하나님 언어(God language)를 점검해보라. 예배의 부름에서 부터 축도에 이르기까지 하나도 빠짐없이 점검하라. 물론 설교도 반드시 포함시키라. 하나님이나 그리스도라는 단어를 사용할 때마다, 삼위일체적 언어 형식을 첨가하고 그렇게 할 경우 예수님께 더욱 적절하게 집중하고 거룩한 성 삼위의 역사에 더욱 생생하게 집중되는지 고려해보라. 예를 들어, "하나님께 예배드립시다."는 "성자 예수님을 통하여 성령의 능력 안에서 성부 하나님을 예배합시다."로 표현될 수 있다. 이렇게 하면 다소 껄끄러울 수도 있지만, 기독교적 예배의 이해를 반영하는 역동적 움직임이 표현되는 것이다. 기도문을 보라. 누구를 향해 기도하며, 어떻게 기도하는가? 아마도 기도의 형식은 "우리 주 예수님으로 인하여…우리의 아버지 되신 하나님이시여"로 되어야 할 것이다. 우리는 아주 특정해서 예수님의 이름으로 기도한다. 오직 그분만이 성부와 우리를 중재하시기 때문이다. 심지어 광고를 할 때에도 이러한 정확성이 도움이 될 수 있다. "이번 주에도 성령의 복 주심 가운데 우리 교회가 예수님의 지속적인 사역에 어떻게 동참할지 살펴보겠습니다." 이런 식으로 우리는 교인들로 하여금 예전의 수식어들을 더욱 정확하게 경험하도록 도울 수 있다. 그렇게 할 때 모든 순서마다 우리의 예배와 우리의 사역의 살아 계신 중재자이신 예수님의지속적 사역이 명확하게 드러나게 된다.

## 부활의 성격: 공간

두 번째로 내가 강조하고 싶은 점은 언뜻 이해하기에 어려울 수도 있다. 바로, 빈 무덤의 신학적 문제이다. 나는 이러한 질문을 내가 가르치는 신학교 수업에서 다루곤 한다. 만일 성서고고학자들이 예수님의 뼈를 찾았다면, 그리고 그들이 어떻게 해서 그게 진짜로 예수님의 뼈라고 확인했다면, 그 사실이 당신의 신앙에 어떠한 영향을 주겠는가? 흥미롭게도, 수많은 학생들이 이런 질문에 별다른 문제를 발견하지 못한다.

기독교는 경험적 검증의 위험을 수반해야 한다는 것이 내 주장이다. 말하자면, 예수님의 공생애와 부활 모두에 대한 기독교의 가르침에는 피할 수 없는 경험적 측면이 존재한다는 것이다. 무덤은 비었다. 왜냐하면 예수께서 몸으로 부활하셨기 때문이다. 부활하셨기에 우리가 찾을 수 있는 뼈는 남겨지지 않았다. 그러므로 빈 무덤은 부활을 경험적으로 추론해주는 신학적 진술이다. 만일 그분의 뼈가 발견된다면 다른 결론이 내려질 수 있을 것이다. 이는 부활 신앙이 감수해야 할 위험이다. 그러나 어떤 의미에서 여기에 중요한 논점이 있다. 죽으신 예수님이 몸으로 살아나셨다! 그분은 유령이나 환영이 아니며 자신의 몸과 분리된 탈 육화된 영혼도 아니시다. 기독교의 신조들은 몸의 부활에 대한 신앙을 고백한다.

그러므로 빈 무덤은 부활 신앙의 경험적 구성요소로 남아있다. 하지만 이를 이해하는 것보다는 주장하는 것이 더 쉽다. 예수께서 완전히 새롭고 유일무이한 육체적 생명을 입으셨다는 사실은 우리가 일반적인 범주에서 설명할 수 없는 사안이다. 우리는 부활의 형이상학에 접근할 수 없다. 왜냐하면 부활이 일어난 방식은 여전히 하나님의 비밀이기 때문이다. 오직 부활의 결과만 우리 앞에 놓여 있는 것이다. 예수께서는 자신의 현현을 통하여 새로운 방식, 또는 새로운 형태의 육화된 인성과 신성을 보여주셨다. 내가 말하고자 하는 실체는 부활하신 예수님이시다. 적어도 그의 현현을 통해 나타난 뭐라 형용할 수 없으나 분명히 실재했던 몸의 부활이다. 바울은 부활한 몸을 육체적 몸과 대조해서 영적인 몸이긴 하지만, 여전히 몸은 몸이고 육신을 입은 인간의 정체성이 거한다는 실제적 의미에서 인간적이라는 미묘한 표현으로 설명한다.

이러한 주장들이 의미하는 바는 무엇인가? 육신을 입으시고 부활하신 예수님은 우리가 경험하는 공간의 한계에 의해서 제약을 받지 않으신다. 공간은 정의하기가 아주 까다로운 개념이다. 과학 철학자들은 공간이라는 개념을 자(ruler)로 측정되고 연장될 수 있는 것으로 정의한다. 신학적으로 볼 때

공간은 구속이 필요하다. 왜냐하면 창조세계의 분리될 수 없는 일부인 공간은 우리의 경험상 죽음의 지평에 의해서 제한을 받기 때문이다. 우주는 그 광대함에도 불구하고, 여전히 닫힌 공간이다. 즉 초월을 향해서 열려있지 못한 공간이다. 예수께서는 이렇게 말씀하셨다. "천지는 없어질지언정 내 말은 없어지지 아니하리라."(마24:35) 몸으로 존재함의 의미가 공간을 점유하고 부피를 지니고 측정가능한 것이라면, 그렇다면 부활하시고 승천하신 예수님도 부피를 지니고 계신다. 그러나 부활하시고 승천하신 예수님이 점유하신 '공간'은 새로운 종류의 공간이며, 그분의 새로운 생명과 조화되는 공간이며, 사라지지 않을 공간이다. 이는 예수님의 부활하시고 승천하시고 육신을 입으신 몸에 적합한 공간이어야 한다.

명확하게 말해보자. 나는 예수님이 비공간적 존재라고 말하지 않았다. 그것은 몸으로 지속하시는 예수님의 생명을 부인하는 꼴이 된다. 스코틀랜드 신앙고백서(1560)에서, 에딘버러의 존 녹스(John Knox of Edinburgh)는 '자아동일의 몸'(the selfsame body)으로 예수께서는 태어나셨고, 다시 살아나셨고, 하늘로 승천하셨다고 표현한다. 그렇다고 나는 육신을 입으신 예수님이 모든 공간에 거하신다는, 즉 신학적인 용어로 편재하신다고 말하는 것은 아니다. 그런 주장으로 인해 종교개혁 때 떡과 잔의 본질에 대한 이해를 놓고 심각한 혼란이 초래됐던 것이다. 내가 말하는 것은 예수님의 부활과 승천이 공간의 구속을 수반했다는 점이다. 그러므로 우리는 공간을 기독론적으로 생각해야 한다. 즉, 성육신 때 타락한 공간으로 오신 예수 그리스도가 아니라 예수 그리스도의 관점에서 공간을 접근해야 한다는 것이다. 아마도 우리는 영원한 공간을 생각해야 할 것이다. 이는 측정할 수 있는 부피를 지닌 실체들을 거느리는 공간이지만, 새로운 생명을 위해 열려 있고 사라지지 않을 공간이다. 성경은 이를 새 하늘과 새 땅으로 표현한다.

### 부활의 성격: 역사

부활의 성격에 대해서 성찰을 하면 역사의 성격에 대해서 고려하게 된다. 부활이 의미하는 바가 공간이 기독론적으로 해석되는 것처럼, 역사 또한 부활하시고 승천하신 예수님에 비추어 재고되어야 한다.

여기서 다시금 과학 철학자들의 이론이 도움이 된다. 과학 철학자들에 의하면 시간은 시계 바늘의 움직임에 의해서 측정된다. 다른 말로 해서, 사건들 사이에 측정된 간격으로서 시간이 우리의 역사 감각을 만들어 낸다. 그러나 역사를 연속선상에서 다른 모든 과거 사건들의 '지나감'(pastness)으로만 생각하는 것은 더 이상 부활하시고 승천하신 예수님의 역사성을 이해하는데 적합한 범주가 될 수 없다. 분명히 부활하신 주님의 현현에는 관습적인 역사 연구에도 어느 정도 부합될 만한 일반적인 역사적 측면이 있다. 부활의 현현을 기술하는 고대의 본문들은 역사적 연구의 기준에 따라 분석될 수 있다. 그리고 주님을 본 사람들은 의심할 바 없이 "우리는 주님을 보았다. 그리고 바로 그날도 우리는 저녁으로 생선을 먹었다."고 말할 수 있었다. 부활의 현현은 역사의 실체를 이루는 다른 사건들과 함께 하는 규칙적인 생활이 진행되는 한 가운데서 발생했다.

그러나 중심 주체인 부활하시고 승천하신 예수님에 상응할 만한 역사상 유사한 예는 없다. 부활하시고 승천하신 예수님에 맞서거나 견줄 만한 예가 없다. 부활이 역사적이지만 어느 다른 역사적 사건과 달리 유일무이한 위치를 견지한다고 말하는 것은 최소한 일반적인 개념 이해로 볼 때는 어떤 측면에서 부활의 역사적 의미를 제거하는 것이다. 공간과 같이 역사 또한 부활하시고 승천하신 예수님께서 요구하시는 종말의 기준 아래 놓여 있다.

신학자들이 일종의 설명을 해보겠다고 부활하신 예수님을 종말의 주인(eschatos), 즉 역사의 끝에서부터 구속의 사역을 위하여 역사의 중앙으로 다시 들어오신 분(prolepsis: 선취)으로 말하면 이 문제는 더욱 복잡해진다. 그러한 구도에서, 부활은 통념적인 역사의 의미에 있어서 역사적 사건이 아니라, 역사 안에서 일어나는 일종의 통 역사적(trans-historical) 사건으로서 궁극적으로 역사에 목표를 부여하고, 따라서 의미도 부여하게 된다. 그러므로 역사 속의 의미는 역사의 끝에서부터 오게 된다. 그리고 그러한 의미는 인격적이며 관계적이고 구속적이다. 즉, 그 의미는 바로 예수이시다.

이를 통해서 우리가 얻는 결론은 무엇인가? 적어도 다음과 같다. 한 편으로 볼 때 부활은 역사의 관점에서 이해되어야 한다. 즉, 관습적이고 엄밀한 역사 연구의 잣대로 이해되어야 한다. 그러나 관습적인 역사 연구는 사건들 사이의 측정된 간격 안에서 일어난 원인과 결과의 폐쇄적 연속성이라는 측면에서 이해되어야 하기 때문에, 이와 같은 역사 이해는 유일무이한 역사적 사건으로서 부활하시고 승천하신 예수님을 고려하게 될 때 연구의 어느 시점에선가 균열이 발생하게 된다. 연구의 잣대가 뒤집혀야 한다. 즉, 역사의 측면에서 예수님을 이해하는 방식에서 부활하신 예수님의 측면에서 역사를 이해함으로 바뀌어야 한다는 말이다. 부활하신 예수님과 더불어, 역사는 모든 폐쇄된 역사적 연속성 사고를 넘어서 현재는 드러나고 접촉 가능하지만 아직은 새로이 드러나지 않았고 접촉가능하지 않은 미래를 향해 열려 있는 것이다. 역사의 종말은 예수라는 이름이다. 이 분은 역사의 한복판으로 들어오셨다. 이것이 바로 역사가 구원되리라는 확신의 근거다. '지나감'으로서 역사의 막다른 끝은 우리 삶의 마지막 대본이 아니다.

## 개인적 성찰

예수님의 부활과 승천의 속성을 공간과 역사를 습관적으로 설명하는 제한된 범주로 축소하거나 종속되지 않고 제대로 파악하기 위해서는 생각의 범주를 변혁시켜야 함이 명백하다. 그러한 생각의 범주들이 아무리 유용했을지라도 바뀌어야 한다. 나는 신학에서 우리는 '아인슈타인'이 되어야 한다고 말하고픈 유혹을 받는다. 물리학 분야에서 아인슈타인은 일반 상대성 원리를 개발하면서 아이작 뉴튼의 절대 시간과 공간이라는 전통적 범주를 담대하게 깨뜨렸다. 마찬가지로 신학에서 우리도 부활과 승천의 경이로운 신비에 매료되어 우리의 모든 생각, 특별히 공간과 역사에 대한 우리의 생각이 그 주체에 의해서 상대화되도록 해야 한다. 이것이 바로 회개를 가리키는 '메타노이아'(metanoia)로서, 부활 신학이 우리에게 요구하는 새로운 생각이다.(롬12:2을 보라) 오래된 관습적 생각의 범주들은 부활 생명의 새로운 포도주를 더 이상 담을 수 없다.

이러한 생각들을 예를 들어 설명하려면 버겁기만 하다. 그러나 이 생각들은 실제 삶속으로 들어와 있지 않는 한 '허공에 떠 있는'(up in the air) 상태로 머문다. 내가 가장 좋아 하는 책 가운데, 존경하는 나의 은사인 토마스 토랜스(Thomas F. Torrance)가 오래 전에 쓴 「공간과 시간, 그리고 부활」(Space, Time, and Resurrection)이라는 책이 있다. 그 책에서 얻은 안목 하나를 개인적으로 적용해서 예를 들어 설명해보고자 한다.

나의 부모님은 두 분 모두 돌아가셨다. 스코틀랜드의 풍습을 따라 두 분의 시신은 화장되었고, 재는 뿌려졌다. 부활하시고 승천하신 예수님에 비추어 볼 때, 공간과 역사라는 측면에서 내 부모님을 향한 희망을 어떻게 이해해야 할까? 이것이 전혀 무익한 공상일 뿐이라고 말할 필요가 없을 것이다. 왜냐하면 두 분은 돌아가셨지만 나는 여전히 부모님을 아주 많이 사랑하기 때문이다.

나는 이를 다음과 같이 생각한다. 내 부모님은 돌아가셨다. 연대기적 시간의 측면에서 보면, 그 사실에 어떠한 다른 조건도 붙지 않는다. 그분들이 돌아가셨을 때 그분들의 시간은 멈춘 것이다. 그분들은 더 이상 어떠한 자리도 점유하고 있지 않다. 신체적으로 볼 때 그분들은 그 어디에도 존재하지 않는다. 역사와 공간의 폐쇄된 연속성은 이와 같은 결론을 도출한다. 시계나 자(ruler)도 그들을 더 이상 측정할 수 없다. 그러면 지금까지의 논의에 비추어 볼 때 기독교적 희망은 어떻게 인격적인 차원으로 전환될 수 있는가? 나는 하나님의 시간이나 하나님의 역사 속에서, 즉 과거의 소멸된 지나감에서 변혁된 역사 속에서, 또한 하나님의 장소 안에서, 즉, 예수 그리스도 안에서 열려진 공간 안에서(나는 이를 그리스도 안에서 구현된 곳으로 본다.) 내 부모님들은 예수 그리스도 안에서 다시 살아나신다고 믿기로 했다. 그럼으로써 그분들은 하나님의 임재를 즐기고 영원한 잔치에 참예하는 것이다. 그분들은 승리하는 교회의 일원이다.

따라서 나는 다르게 생각해야 했다. 나는 두 분 부모님이 모두 돌아가셨으면서도 살아 계시다고 말함으로서 일단 일상적인 경험의 차원에서는 통용되지 않는 방식으로 두 생각을 하나로 연결시키고 있는 것이다. 그러나 다른 측면, 즉 신학적 측면에서 그와 같은 이율배반성은 해결된다. 그러한 진술도 명료하게 이해된다. 왜냐하면 예수 그리스도와의 연합 안에서 내 부모님들은 그분의 부활하시고 승천하신 생명에 동참하시기 때문이다. 만일 우리가 오직 현 생애만을 소망으로 삼는다면 우리는 영원토록 절망하는 운명이 되고 만다. 그러나 부활하시고 승천하신 주님이신 그리스도 예수 안에서 소멸된 지나감이었던 역사와 죽음에 의해서 제한되는 폐쇄된 용기와 같은 공간이 구원 받는다. 역사는 하나님이 부여하시는 새로운 미래를 위해 구원 받는다. 그리고 공간은 하나님이 열어주시는 부활하여 새 육신을 입은 생명을 위하여 구원 받는다. 그러므로 나의 부모님과 나 자신, 그리고 당신을 위해서도 그리스도 안에서 새로운 역사와 새로운 육신을 입는 소망이 존재한다!

## 부활의 관점에서 보는 예수
정기적으로 나는 피츠버그 신학교 학생들에게 요구되는 필수 과목으로 기독론을 강의한다. 이 과목은 내가 지난 수십 년간 가르쳐 온 과목 가운데 하나다. 그러나 기독론에 관한 과목은 다른 과목들과는 분명 다른 무언가가 있다. 학생들이 예수님에 관한 이해를 잘못하게 되면, 그 결과 나머지 모든 것들이 잘못 이해된다. 학생이나 선생이나 모두 마찬가지로 막중한 책임 아래 서 있는 것이다. 큰 바퀴의 축과 같이 기독론은 기독교 신앙과 삶과 사역의 다른 모든 것들이 흘러나오는 중심이다. 예수 그리스도에 대한 연구는 교회의 중심적 신학 과제다. 예수 그리스도에 대한 연구는 또한 교회의 실천적인 삶을 위한 중심이기도 하다. 왜냐하면 우리는 모든 일을 '그리스도 안에서' 하기 때문이다. 드루배나와 드루보사가 모두 '주 안에서 수고'하였다.(롬 16:12) 그리스도인들은 주 안에서 알고 확신하여야 하며(롬14:14), 주 안에서 강건하고(엡6:10), 할 말을 담대히 하며(엡6:20), 주 안에서 확신하고(빌2:24), 주 안에서 바라며(빌2:19), 주 안에서 기뻐하고(빌3:1), 주 안에 굳게 서며(살전 3:8), 그리스도 안에서 잠자는(고전15:18) 자들이다. 모든, 정말로 모든 사역이 '그리스도 안에서' 이루어진다. 그러므로 부활의 관점에서 예수님을 이해하는 것은 가장 중심되며 실천적인 사안이라 할 수 있다.

## 예수님의 부활은 그분의 충만하신 본질을 드러냈다

예수님은 우리와 함께 하시는 하나님이시며, 성부와의 영원한 인격적 연합(본질적 연합) 속에서 충만한 교통을 나누시며 산 속죄물이 되신 하나님과 함께 하시는 인간이시다. 이 명제를 하나씩 차근차근 짚어보자.

**예수님은 우리와 함께 하시는 하나님이다** 부활은 마리아에게서 나신 분이 누구인지를 우리에게 말해준다. 부활이 없다면 성육신의 개념은 아무런 의미를 갖지 못한다. 예수님의 부활이 의미하는 바는 그분은 계속해서 인간의 몸을 입으시고 우리와 함께 하신 하나님이시라는 사실이다. 예수께서 죽으셨다면 그리고 그의 죽음과 더불어 이야기가 끝난 것이라면, 그분이 아무런 구속적 중요성을 지니지 못한 단지 우리와 같은 인간일 뿐이라는 사실에 특별한 논증거리가 없다. 성육신과 속죄라는 개념은 의미와 진리를 완전히 상실하고 말 것이다.

때로 우리는 예수께서 부활 때에 그리스도가 되셨다는 논증을 접하곤 한다. 말하자면, 부활과 더불어 성부께서 예수님을 인정하셨다는 것이다. 나는 이러한 관점은 충분히 근본적이지 못하다고 보는 견해를 갖고 있다. 예수께서 그리스도가 되셨다고 말하는 것은 또한 그분이 그렇게 되시기 전에는 하나님이 아니셨다고 말하는 셈이 된다. 이는 하나님이 베들레헴의 아기로서, 나사렛의 한 인간으로서, 갈릴리의 교사로서, 그리고 갈보리 언덕에서 십자가에 달려 죽은 사람으로서는 우리 가운데 거하지 않으셨다는 말이 된다. 복음은 성령에 의해서 예수님이 잉태되던 때로부터 계속해서 그의 생애와 그의 죽음에 이르기까지 그분은 하나님이셨다는 선포이다. 그러므로 그분의 부활은 그분이 이제서야 그리스도가 되셨다는 것이 아니라, 그분은 항상 엄밀히 말해서 죽음에 이르는 그의 인성 안에서, 그리고 그의 인성을 통해서 그리스도이셨음을 확증하는 것이다.

신약성경의 메시지는 우리가 성경에서 증거하는 대로 예수님의 얼굴을 볼 때, 우리는 하나님의 영광과 인성을 보게 된다는 것이다. 인간 예수이신 하나님은 우리를 그분 안에서 성부와의 교통으로 인도하기 위해 죄 많은 인류의 죽음의 드라마 속으로 들어오신 것이다. 부활은 우리가 예수님을 볼 때 누구를 대하는 것인지를 알려준다. 즉, 우리는 바로 하나님을 대하는 것이다.

**또한 예수님은 하나님께 응답하는 인간이시다** 이는 성육신의 다른 측면이다. 그리고 이 사실이 너무도 자주 간과되어서 재앙적인 결과를 초래하곤 했다. 말하자면, 이는 하나님이 인간 예수로서 우리에게 오신 하향적 움직임으로서 더욱 친숙한 성육신 개념에 상응하는 하나님 앞에서의 인간이라는 상향적 움직임이라 할 수 있다. 성육신하신 주님으로서 그분은 또한 인간된 육체를 입으시고 성부께 신앙과 순종, 신뢰와 예배, 섬김과 사랑의 삶을 드리신 참된 인간이시다. 그분께서는 성부 하나님이 원하시며, 하나님께 용납되는 전적인 산제사로 모든 것을 드리셨다. 예수님은 그분의 인격적 하나 됨 속에서 우리를 향한 하나님이시다. 또한 예수님은 모든 사람을 대신한 하나님을 향한 인간이시다. 이러한 측면에서 신약 성경은 그분을 우리가 믿는 도리의 사도이시며 대제사장이라고 부른다. (히3:1을 보라.)

예수님의 부활은 우리를 대신하는 그분의 인성이 성부께서 기뻐 받으실 만한 것임을 증거한다. 여기서 우리는 예수님의 대리적 인성이라는 위대한 복음적 교리를 보게 된다. 이 교리에 의하면 예수님은 모든 면에서 하나님 앞에서 우리를 대신하여 서 계신다. 또한 그러한 부활을 통하여 성부께서는 예수님의 대리적 인성이 용납할 만한 지점이 됨을, 아니 더 나은 표현을 쓰자면 은혜의 보좌에 이르는 용납할만한 통로자(person of access) 역할을 함을 확증하셨다. 예수께서 말씀하셨다. "내가 문이니, 누구든지 나로 말미암아 들어가면 구원을 받고….."(요10:9) 예수께서 또 말씀하셨다. "내가 곧 길이요, 진리요, 생명이니 나로 말미암지 않고는 아버지께로 올 자가 없느니라."(요 14:6) 예수님의 부활은 이와 같은 중심적 복음의 진리를 확증한다. 즉, 우리는 우리의 주님이신 예수 그리스도를 통해서 아버지께로 나아온다. 그것이 바로 우리의 모든 기도와 예배와 사역이 앞서 본 것처럼 '우리 주님이신 예수 그리스도를 통해서' 드려지는 이유이다. 나는 여기서 화니 크로스비(Fanny Crosby)의 유명한 찬송가 후렴구를 떠올린다. "주 예수님 힘입어 하나님께 그 행하신 큰 역사 찬양하세." 예수께서 다시 살아나지 않으셨다는 정반대의 입장은 참담한 결과를 가져온다. 왜냐하면 죽은 교사의 도덕적 영향력을 통해서는 성부께 이를 수 없기 때문이다.

나는 몇 단락 앞서서 성부께 대한 예수님의 인간된 응답을 간과하게 되면 재앙적 결과가 초래된다고 말했다. 그 이유는 예수님의 대리적 인성을 제대로 주목하지 못하면 모든 것, 즉 기독교 신앙과 삶과 사역 전체가 이제 다시 우리가 해야 할 과제로 돌아오기 때문이다. 결국에 가서 우리는 우리를 위한 예수님의 응답이 아닌 우리 자신의 신앙과 우리의 예배와 우리의 순종 등에 의존해야 하는 결과를 낳는다. 물론 우리의 응답도 적절히 필요하긴 하지만, 응답 그 자체가 복음의 역사를 좌우하는 축이 될 수는 없다. 예수님의 부활은 예수께서 단지 그가 살아계신 동안에 우리를 위하셨다는 것뿐 아니라 그가 여전히 오늘도, 내일도, 그리고 영원토록 우리를 위하시며 자신 안에서 우리를, 즉 우리의 모습과 우리의 행실을 성부께 드리신다는 확신이다. 우리의 기도 뿐 아니라, 우리의 삶과 예배, 그리고 사역들은 "우리 주님이신 예수 그리스도를 통해서" 성부께 드려진다.

### 열한 번째 걸음: 신뢰로의 초대

부활은 예수께서 우리를 대신해 성부께 드린 것이 성부께서 기뻐 받으실 만한 것이라는 확증이다. 우리의 모든 삶과 사역은 이미 그분 안에서, 그리고 그분에 의해서 모여졌으며, 성부께 드린 바 되었다. 그리스도 안에서 선택받은 우리는 비록 많은 경우에 스스로를 비천하고 자격이 없는 것처럼 느낌에도 불구하고 '사랑 안에서 [하나님] 앞에 거룩하고 흠 없이'(엡1:4) 존재한다. 심지어 우리의 사역 또한 때때로 실수투성이임에도 불구하고 말이다.

그러므로 이 점에서 신뢰의 삶으로 초대하는 것이다. 신뢰는 강요될 수 있는 것이 아니라, 오직 초대받을 뿐이다. 성 토요일 분위기의 사역에서 부활 주일 분위기의 사역으로 우리가 옮겨갈 때 여기서 제시되는 단계는 일단 아주 단순함에도 엄청난 의미를 지니고 있다. 우리와 우리의 사역들이 하나님께 용납된다는 신뢰다. 우리는 왜 용납되는가? 그리스도의 대리적 인성론, 즉 우리를 위한 그분의 인성이라는 신학 안에 내포된 진실은 예수께서 우리를 위해 행하셨고 행하시는 일이 그분이 우리의 모습과 우리의 행실 전부를 취하셔서 그분 자신의 이름으로 우리를 성부께 드리기에 합당하고 마땅하다는 것이다.

이 사실은 나 자신에게 도움이 된다. 내가 낙심할 때나 내 자신의 무능함이 나를 짓누르려고 위협할 때 나는 주 예수께서 성부 앞에서 나를 붙들고 계신다는 이 영광스러운 복음의 가르침을 마음속에 그리곤 한다. 이 신학을 가시적으로 재현해 보기도 한다. 예수께서 나를 들어서 성부께로 드린다. 그러면 나는 그 아들로 인하여 나를 영접하시려고 활짝 팔을 펴신 성부를 보게 된다. 나는 당신도 초대하는 바이다. 예수께서 성령 안에서 당신을 들어 그 아들로 인하여 당신과 당신의 사역을 받아주시며 기다리시는 성부 하나님께로 맡기신다.

**예수님의 부활은 그분이 인류를 위한 미래이심을 드러내셨다** 예수님의 공생애는 우리 자신이 경험하는 생애의 한계 내에서 영위되었다. 분명히, 그분 자신의 이유로 인해서 예수님은 이따금씩 그러한 한계들을 넘어서는 기적을 연출하곤 하셨다. 그분은 물위를 걸으셨고, 풍랑을 잠재우셨으며, 물을 포도주로 바꾸셨고, 미래에 일어날 일 등을 미리 볼 수 있는 능력도 가지셨다. 그러나 그분은 죽음에 이르는 삶을 사셨다. 이는 진정한 한계로서, 침범할 수 없는 것이다. 그분은 어머니의 자궁을 거쳐 출생하셨으며, 심장 박동이 멈춤으로 돌아가셨다. 가장 깊은 차원의, 또한 가장 치명적인 의미에서 주님은 출생과 죽음의 제약 내에서 인간의 생명을 입으셨다.

그러나 죽음에 이르게 되며 죽음을 통과해야 하는 예수님 안의 인간적 생명에는 미래가 없다. 그분의 가르침이 아무리 심오하고 그분이 행하신 기적이 아무리 경이롭다 할지라도, 성부를 향한 그분의 적극적인, 나아가 묵묵한 순종이 지닌 많은 다층적 의미, 우리와 함께 하시는 하나님으로서 그분의 내면적 삶이 지닌 숭고한 속성, 이 모든 것은 그분의 죽음과 더불어 종료된다. 예수께서 죽으셨다. 성 금요일의 참혹함은 이처럼 황량한 현실을 그대로 드러낸다. 그분은 정말로 죽으셨다. 또는 신앙고백에서 표현하는 대로 그분은 "죽으시고 장사되셨다." 이 모든 것은 곧 예수님의 부활과 더불어 여태까지 죽음이 지배하는 불가침의 한계가 이제는 깨어졌다고 말하는 것이다. 전에 우리가 알던 바 피조세계의 질서 내에서는 가능하지 않았던 사건이 발생한 것이다.

육신을 부활하신 예수님과의 연합을 통해서, 그분의 생명이 우리의 생명이 되듯이 그분의 미래는 우리의 미래가 된다. 이처럼 인간에게 생명을 열어주시고, 죽음의 한계를 넘어서는 새로운 미래를 열어주신다는 의미에서 예수님은 두 번째 아담이다. 그분은 부활하기 전까지는 충분히 그렇게 되실 수 없었다. 그분을 죽음에서 일으키신 성부의 역사를 통해서 그분의 것이 된 생명은 이제 그분과의 연합의 결과인 입양을 통해서 우리의 생명이 된다. 이는 바로 그분이 인류의 머리가 되신다는 의미이다. 그리스도와의 연합을 통해서, 그리고 성령의 역사하심으로 인해서 우리는 살아계신 예수님과 결속되고 그분의 미래는 우리의 미래가 된다. 또한 예수께서 부활 이후에 그분의 인성이 이제는 생명에 이르는 삶이 되었기에 더 이상 죽음에 이르는 인간으로서 살지 않으시는 것처럼, 그분 안에 있는 우리도 그분의 육신을 입으신 부활 생명의 인성으로 옷 입게 된다. 그분의 부활하신 인간 생명 안에서, 즉 그분과의 연합 안에서, 이와 같은 인간 생명은 우리의 인간 생명을 위한 미래가 된다.

그러므로 우리가 부활에 비추어 볼 때 예수가 누구이신지를 묻는다면, 그분의 참되고 살아계신 인간으로서 인류를 위한 미래되심에 대해 말하지 않을 수 없다. 부활과 더불어 인간의 근본적 구조는 죽음에 이르는 생명에서 그분과의 연합을 통하여 생명에 이르는 생명으로 그 누구도 건드릴 수 없도록 변화되었다. 그런데 바로 전의 문장이 대단히 중요하기 때문에 나는 이처럼 간략한 논의에서도 종종 이 문장을 사용했다. 반드시 필요한 말이다. 부활하신 예수님은 인류를 위한 미래가 되시며, 그분과의 연합을 떠나서, 그분과의 유기적 연결 관계를 떠나서, (바울의 표현을 빌리자면) '그리스도 안에'(in Christ) 있음을 떠나서는 아무에게도 생명의 미래는 없다. 인간 생명을 위한 미래는 부활하신 예수님의 생명 안에 존재론적으로 귀속되어있다. 또는 하이델베르크 신앙고백에서 표현한 것처럼, "사나 죽으나 우리는 예수 그리스도께 속한다."

### 열두 번째 걸음: 악에 대한 신학적 저항

수많은 무명의 사람들이 비참한 삶을 살다 죽어간다. 파괴적인 위력을 행사하는 자연의 악과 우리가 자신과 서로에게 가하는 도덕적 악을 포함한 모든 악들은 신학적으로 해결할 수 없는 것처럼 보이기도 한다. 우리는 그 모든 악의 목록을 열거할 수 있다. 암, 태풍, 전쟁, 배신, 굶주림 등도 사실상 해결이 불가능해 보인다. 우리들 대부분이 도덕적으로 향상되지 않는다. 자연은 여전히 폭력적이며 치명적이다. 다른 무엇인가가 간섭하지 않는다면, 악은 우리를 성 토요일의 분위기에 묶어 두려 할 것이다. 부활 주일은 아련한 꿈처럼 보인다. 우리가 악의 덫에 갇혀 있다는 느낌은 분명히 악마가 즐거워할 일이다!

악의 표면적인 승리에 맞서서, 부활 주일 분위기의 부활 신앙은 신학적 저항의 삶을 선사한다. 우리의 저항이 승리를 이끌지 못한다는 것을 우리는 안다. 그러나 우리의 저항은 승리하시는 한 분을 증언한다. 부활의 신앙은 예수께서 알파와 오메가, 곧 처음이요 마지막이시기 때문에 악이 결정권을 갖고 있지 않음을 주장한다. 신앙은 이를 세상의 표현으로 입증할 순 없다. 그러나 신앙은 예수님을 신뢰함 가운데 이 사실을 고백하고 살아가는 것이기 때문에 구태여 입증하려들 필요가 없다. 신앙은 예수 안의 새로운 미래라는 측면에서 고백하고 살아간다.

그와 같은 부활의 신앙은 우리가 예측하는 탄식과 절망의 정반대다. 그리 쉽지 않은 것은 예수께서 폭력과 무의미함과 죽음을 일으키는 것들에 대하여 승리하셨음을 정말로 믿고 신뢰하는 신앙의 성숙이다. 그리고 이러한 성숙함이 우리로 하여금 이 신앙을 구체적인 행동으로 표현하도록 인도한다.

나는 간편한 처방이나 프로그램을 제시하는 것이 아니며, 공허한 경건을 장려하는 것에도 반대한다. 그럼에도 불구하고, 이러한 성숙은 세상 속에서가 아니라, 예수 안에 거하는 훈련(요15:1-11)을 통해서 이루어질 수 있다는 것이 내 생각이다. 이는 생명의 선택이며, 생명의 방향이다. 즉, 생명에는 특정한 초점이 있으며, 나머지 모든 것들은 내 생명을 주장하신 주님의 섭리를 받아들이는 차원의 관점으로 수렴된다는 의미이다. 하지만 나는 이것이 말처럼 쉽지 않음을 안다. 우리는 세상 속에 더 익숙해 있기에, 세상의 방식에 따라 생각하며 살 수밖에 없다. 그리고 많은 시간을 우리는 그런 식으로 아무런 문제없이 당연하게 여기며 살고 있다. 내가 겪게 되는 유혹은 우리는 마치 교회 안에 있으면서도 세상과 이 시대의 문화와 친숙한 그리스도인으로 살 수 있다고 생각하는 방식이다. 여러 측면에서 볼 때, 우리는 우리의 생각과 우리의 정치와 심지어 우리의 신학을 새롭게 함으로 변화되기를 (be converted) 원하지 않는 것 같다. 그리고 우리는 탈 육화된 다른 세상을 사는 탈 문화적 존재인 천사처럼 살 수도 없다. 따라서 예수 안에 거한다는 의미는 우리 자신을 정말로 긴장된 상황 안에 자리매김해야 한다는 것이다. 나는 예수님을 위하여 나의 스코틀랜드 태생을 버릴 수 없다. 문제는 스코틀랜드 태생인 내가 비록 스코틀랜드 억양으로 예수님에 관해 말하면서도 어떻게 내 인생이 예수 안의 삶으로 급속히 빚어질 수 있는가에 있다. 악에 저항하는 신학적 삶으로의 초대란 긴장으로의 초대와 같다.

그러므로 신학적 저항의 삶은 갈등의 형태를 지닌다. 그러한 갈등으로 말미암아 우리의 생각하는 것과 기도하는 것과 소망하는 것과 살아가는 것에서 우리는 예수님께 집중한다. 즉, 그분께서 우리 삶의 더 많은 자리를 차지하도록 자리를 내어드려야 한다. 이는 사회와 문화가 주문하는 대본과 다른 내용의 대본을 배우는 것이며, 그것을 깊이 변혁적으로 배우는 과정을 수반한다. 우리는 우리의 관점과 가치와 행동이 우리가 살고 있는 사회와 문화의 지혜를 표현하는 것이 아니라 예수님의 진리를 표현하게 하기 위해 이러한 배움이 필요하다. 만약 예수께서 우리의 삶을 형성하시지 않는다면, 다른 무엇인가가 우리 삶을 형성하게 되어있다.

그러므로 신앙이 고백하는 바가 우리가 살아가는 삶 속에서 드러나게 되어있다. 악에 대한 신학적 저항은 예수님께서 이루신 생명을 향한 적극적인 헌신의 삶이다. 우리는 지금 여기서 우리의 소망이 궁극적으로 기대하도록 배운 바에 따라 살아간다. 이는 우리의 정치적이며 경제적인 결정, 즉 우리가 서로를 대하는 방식을 통해서 이루어진다. 프로그램을 채우자는 것이 내의도가 아니다. 우리 각자는 우리 자신의 목소리로 이를 행해야 한다. 하지만 내가 주장하는 것은 부활 주일 분위기의 기독교적 삶은 예수께서 살아 계신다는 진리를, 또한 살아계시고 다스리시는 예수께서 그의 이익이나 민족 혹은 개인의 진리가 아닌, 정치, 경제, 윤리적 진리의 기준이심을 모든 일에서 증언하기를 힘써야 한다는 것이다. 악에 맞서는 신학적 저항으로서 예수 안에 거함은 비록 때로는 다소 모호할 수 있지만, 사적인 삶 뿐 아니라 공적인 삶에서도 개인적인 덕목에서와 마찬가지로 사회적 윤리로 표현될 수 있다. 예수 안에 거함은 우리가 견지하는 고백을 우리의 삶으로 증언할 때, 우리 안에 있는 진리를 공적으로 드러내는 삶을 의미한다.

## 예수님의 부활은 선포자가 선포된 자임을 의미한다

"예수께서 갈릴리에 오셔서 하나님의 복음을 전파하여 이르시되, '때가 찼고, 하나님의 나라가 가까이 왔으니 회개하고 복음을 믿으라.' 하시더라."(막 1:14-15) 이는 예수님의 기본적인 메시지이다. 그분은 하나님의 통치가 임함을 선포한 분이시다. 그리고 그분은 말씀과 행동으로 이를 보여주셨다. 병든 자들을 고치고 귀신 들린 자들을 놓아주셨으며 어린이를 축복하셨고 길 잃은 자들을 인도하시고 혼란스러워 하는 자들을 가르치셨다. 그분과 대면한 모든 이들이 그분이 누구인지 깨닫지 못했다. 그리고 많은 이들이 그분 자신이 주장하는 사명이 무엇인지를 알면서도 그 주장 때문에 그분을 배척했다.

예수님의 부활과 더불어, 그 선포자는 이제 선포된 자가 되었다. 왜냐하면 그분의 부활하심으로 말미암아 이제 신앙의 눈으로 볼 때 하나님의 통치가 그분 안에서, 그리고 그분으로 가까워 왔기 때문이다. 많은 성경 구절들 가운데 한 구절이 사도들의 설교를 대변하여 요약한다. "다른 이로써는 구원을 받을 수 없나니 천하 사람 중에 구원을 받을 만한 다른 이름을 우리에게 주신 일이 없음이라."(행4:12) 그러므로 우리가 부활에 비추어서 예수님이 누구이신지를 묻는다면, 우리는 "예수 그리스도는 하나님 아버지께 영광을 돌리게 하시는 주님이시다"(빌2:11)라고 대답하지 않을 수 없는 것이다.

이 점에 대해서 좀 더 고찰할 필요가 있다. 우리가 예수 그리스도를 주님이라고 고백할 때, 그분의 공생애 사역이 부활의 관점에서 충만히 이해되기 때문에 그렇게 부르는 것이다. 그분의 가르침의 권위, 십자가에서 죽기까지 하나님께 복종하시고 신뢰를 두셨던 그분의 삶이 가져온 결과 등과 같은 다른 모든 것들이 여기에 수반된다. 그러나 이 모든 것의 중심은 바로 그분이시다. 루터파 개혁자였던 필립 멜랑크톤의 저 유명한 선언인 "그리스도를 아는 것은 그의 유익을 아는 것이다."라는 말은 정말로 참되다. 그러나 그 강조는 주 예수께 두어야 한다. 그것이 바로 사도행전 9:5에 나오는 사울/바울의 질문이 기독론에서 결정적으로 중요한 이유다. "주여, 누구시니이까?" 이 질문은 우리를 계속해서 예수께 집중하게 한다.

### 열세 번째 걸음: 선언적이며 확신적인 설교

모든 설교를 부활 주일의 분위기로 선포하면 우리의 설교 방식과 우리의 설교 내용 모두에 심오한 영향을 주리라는 것이 결코 과장된 말이 아니라고 생각한다. 예수님의 부활에 비추어 볼 때 기독교 설교의 중심 과제는 예수께서 살아계시기 때문에 그분이 주님이시라는 사실을 선포하는 일이다. 이러한 선포가 설교를 설교되게 만든다. 종교적 이야기, 도덕적 교훈을 주는 이야기, 심지어 부활과 주권의 틀 밖에서 이루어지는 '예수님 이야기'는 그저 이야기에 지나지 않는다. 부활 주일 분위기의 목회는 예수께서 살아계시며, 특히 모든 사람들에게 궁극적 주권을 행사하시는 주님으로서 살아계신다는 확신 속에서 설교하는 것이다. 이러한 설교는 선언적이며 확신에 차 있다. 왜냐하면 이는 모든 만물을 다스리시며 따라서 만물로부터 마땅한 경의를 받으시는 한 분을 선언하기 때문이다. 이는 모든 사람들을 위한 삶의 방식을 선언한다. 이는 궁극적인 충성을 요구하는 다른 모든 진리 주장들의 경쟁 속에서 인격으로서의 진리를 선언한다. 이는 죽음이 존재하기 이전의 생명을 선언한다.

어떻게 그러한 설교가 사람들의 삶 속에서 전혀 감응도 없이 무덤덤하게 들릴 수 있겠는가? 예수님의 살아계신 주권이 역사하지 못하는 그 어떤 것도 존재하지 않는다. 설교자가 이와 같은 비전을 붙잡는다면, 설교의 과제는 분명히 활기를 띠게 될 것이다. 주일 아침은 이전에는 없었던 긴박감을 얻게 될 것이다. 모든 권태를 떨쳐버릴 수 있는 불가항력적인 열정이 설교자의 가슴에서 용솟음칠 것이다. 피상적으로 드려지던 예배는 진지한 자세의 선포로 바뀔 것이다. 설교를 위해 준비된 연구 시간은 갈급함이 있는 시간으로 구별될 것이다. 목회자의 기도 생활은 새로운 권능에 의해 이끌리는 몰입의 경험이 될 것이다. 요약하자면, 목회가 부활의 설교로 인하여 부활 주일의 분위기로 변혁되는 것이다.

### 부활과 그리스도의 구속 사역

초창기부터, 그리고 가장 분명한 것은 부활 이후로부터 그리스도인들은 예수님을 구세주로 알았다. 즉, 선생이나 지도자나 창시자 그 이상인 분으로, 또한 종교적으로 비범한 인물 그 이상으로 알았다는 말이다. 이와 같은 신앙이 깊어져서 예수는 야훼이신 주님이라는 고백이 나오게 되고, 구원을 위한 하나님의 역사에 대한 놀라운 인식이 더해지면서, 불가피하게 이와 같은 고백은 예전의 핵심으로 생생하게 자리잡았다. 고린도전서 11:23-25의 성찬 제정 내러티브를 보면 이와 같은 연결이 명백하게 만들어진다.

> "주 예수께서 잡히시던 밤에 떡을 가지사 축사하시고 떼어 이르시
> 되 이것은 너희를 위하는 내 몸이니 이것을 행하여 나를 기념하라
> 하시고 식후에 또한 그와 같이 잔을 가지시고 이르시되 이 잔은 [죄
> 사함을 얻게 하려고 많은 사람을 위하여 흘리는 바(마26:28)] 내 피
> 로 세운 새 언약이니 이것을 행하여 마실 때마다 나를 기념하라."

예수님의 죽음과 구원 사이에 형성된 중심적 관계는 매주 성찬 집례에서 경험되는 실체를 통해 나타난다.

매우 많은 성경의 본문들이 예수님의 구원과 죽음 사이의 관계를 입증해준다. 인자는 많은 이들을 위한 대속물로 자기 생명을 준다고 말씀하셨다.(마20:28) 예수께서 친히 자신이 양들을 위해 목숨을 내어줄 것이라고 말씀하셨다.(요10:15) 하나님께서 그리스도 예수를 그의 피로써 화목제물로 세우셨다.(롬3:25) 그리스도는 우리의 죄를 위하여 죽음에 내줌이 되셨다.(롬4:25) 하나님은 십자가에서 흘리신 그리스도의 피로 말미암아 친히 만물과 화평을 이루시기를 기뻐하셨다.(골1:20) 이러한 구절들뿐 아니라 인용할만한 더 많은 구절들도 예수께서는 우리의 구원을 위해 죄인을 대신해서 죽으셨음을 명확하게 가르치고 있다.

하지만 더 말해야 할 것이 있다. 부활의 주님이신 예수께서는 성부와 우리 사이의 산 속죄물, 즉 살아계신 화해자이시다. 우리는 산 소망을 위해 새롭게 태어났다.(벧전1:3) 그리스도는 우리를 의롭다 하시기 위하여 살아나셨다.(롬4:25) 세례를 통해서 그리스도와 함께 장사된 우리가 그의 부활에 동참함으로 새 생명 가운데 행하게 되었다.(롬6:4) 그리스도의 죽음을 통한 교제, 그리스도를 아는 지식, 그리고 그의 부활의 능력은 빌립보서 3:10에 함께 연결되어있다. 이 본문들은 속죄에 또 다른 차원이 존재함을 보여준다. 한편으로 우리가 아는 바와 같이 속죄는 그분의 죽음과 더불어 완성된다. 우리의 죄는 예수님의 죽음을 통해서 용서받는다. 다른 한편으로 성부의 보좌 우편에 계신 그분의 생명을 통해서 지속적인 중재의 화해가 일어난다. 이러한 식으로 그분은 자신이 누구인지를 펼치시며 자신이 계속해서 하시는 일을 드러내신다. 예수님의 부활과 더불어 그분의 대속적 사역이 계속된다.

아주 투박한 언어를 사용하는 모험을 무릅쓰고 표현하자면, 예수님은 자신이 누구이신지를 행함으로 보여주신다는 말이다. 예수님은 과거의 인격, 현재의 인격, 그리고 미래의 인격으로서 구원사역을 행하신다. 여기서 사용되는 동사의 시제가 매우 중요하다. 그분은 구원하셨고, 구원하시며, 구원하실 것이다. 우리가 구속 사역을 오직 과거 시제로만 생각하고 주된 신학적 방향을 과거 시제에 두게 되면, 우리의 초점은 대체로 그분의 죽음에 머무를 가능성이 높다. 엄밀한 의미에서 속죄라는 단어에는 대개 전적으로 형벌적이며 법률적인 준거 틀이 주어져있다. 그러나 우리가 예수님의 부활과 승천, 또한 그분의 지속적인 사역의 빛에서 분명하게 이 속죄를 조명해야 하는 것과 마찬가지로 과거 시제에서 이를 조명해 보면, 속죄의 더욱 충만한 그림이 선명하게 그려진다. 이제 우리는 구속의 역사를 예수님의 공생애와 죽음, 그리고 부활하신 생명의 역사로 보게 된다. 그와 같은 관점은 우리의 죄를 위해 죽으신 예수님을 통해서 해석되는 십자가의 위치를 포함하지만, 부활하신 예수님의 지속적인 생명과 사역을 포함하는 그분의 구속적 사역에 대한 이해로까지 확장된다.

그러므로 한 측면에서 볼 때, 예수님의 죽음과 더불어 속죄는 완성된다. 그분의 십자가에서 자기를 내어주심은 단번에 이루어진 사역이다. 이 땅에서의 삶과 죽음을 통해서 예수께서는 우리를 대신하여 우리에게 임할 하나님의 심판을 담당하셨다. 이와 같은 신앙의 고백은 모든 속죄 이론의 중심적 요소로 항상 존재하게 될 것이다. 다른 측면에서 볼 때, 성부의 보좌 우편에 계신 부활하신 예수님은 성부의 면전에서 직접적으로 우리를 위하여 자신을 영원토록 내어주신다. 우리는 그 분 안에서, 그 분으로 말미암아 성부께 '거룩하고 흠 없고 책망할 것이 없이'(골1:22) 세우심을 받았다. 이는 속죄의 중보가 현재적이며 지속적인 사역이기도 함을 의미한다.

부활하신 예수님의 중보적 속죄 사역에 대한 강조는 과거와 현재의 대부분 속죄론들에서 대체로 누락되었다. 주께서 우리를 위하여 계속해서 일을 하신다는 데에 그 중요성이 있다. 왜냐하면 부활하신 예수님과의 연합을 통해서 우리는 그분의 성부와의 교통, 또는 친교에 참여하도록 인도되었기 때문이다. 부활하신 예수님과의 연합 안에서 우리의 인간됨은 이제 성령의 능력 안에서 성부와 성자의 관계 속으로 놓이게 되었다. 성부와의 교통으로서 구원이 지니는 의미는 하나님과의 회복된 관계가 인간 됨이란 무엇을 의미하는지를 규정하는 중심이 된다는 것이다.

성부께서는 성자의 사역과 죽음을 용납하셨을 뿐 아니라, 우리 또한 성부께서 성자의 현재적 사역을 용납하시며 예수께서 살아 계시며, 다스리시며, 역사하시는 주님이심을 확증해주신다는 사실을 고백한다. 이는 예수께서 영원토록 그 자신을 통해서 우리를 성부 앞에 세워주시기 때문이다.

### 간략한 설명

때로 우리는 사랑하는 사람들에게 상처를 준다. 우리는 어리석거나 이기적으로 행동한다. 어떠한 사랑도 상대에게 한 번도 상처를 주지 않을 정도로 완벽하진 않다. 그리고 우리는 사랑받았기에, 용서도 받는다. 그러면서 우리는 슬픔을 표출한다. 그리고 우리는 자신을 추스른다. 그러나 우리는 이걸로 끝이 아님을 안다. 용서 받음에서 친교의 회복으로 나아가기에는 아직 멀다. 내가 누군가에게 가한 상처에 대해서 그 사람이 나를 용서했다고 치자. 그러나 용서했다고 해서 그 사람이 계속해서 내 친구가 되는 것은 아니다. 이러한 일이 가족을 수반하는 경우에 상황은 더 심각하다.

하나님과의 관계를 우리의 대인관계에 비유하는 것은 아무래도 정확치 못하고 취약한 점이 많다. 그러나 무언가 비슷한 점도 분명히 존재한다. 십자가에 달리신 예수님의 죽음을 통하여, 그분의 대속적 고난과 죽음의 신비를 통하여, 하나님은 우리의 죄를 용서하신다. 그리고 부활하시고 승천하신 주님으로서 예수님의 화해적 중재를 통하여, 그분은 우리를 아버지께로 인도하신다. 사람의 손으로 짓지 아니한 성소에 들어가심으로 예수님은 우리의 옹호자이시자 중재자로서 성부 앞에 서셨다. 그리고 성부의 마음을 화해시키시며 성부의 보좌에 나아가는 길을 예비하신다.(히7:25, 9:11-12, 또한 칼뱅의 「기독교강요」 2권 16장 16절을 보라.) 예수께서는 대속적 화해를 완성하심으로 우리와 성부 하나님과의 친교를 회복시키신다.

### 열네 번째 걸음: 속죄의 실천인 목회

30여 년 전에 젊은 목사였던 나는 사람들에게 종종 이런 말을 했던 기억이 난다. "하나님은 여러분을 용서하셨습니다. 여러분은 진실로 용서받았습니다." 나는 사람들이 죄책감을 지니며 산다는 사실에 심히 충격을 받았다. 죄의식과 패배감이 그들을 넘어뜨리고 고갈시키는 것처럼 보였다. 비록 여러 가지 측면에서 볼 때 그들은 신실한 그리스도인 남성과 여성이었고, 매 주일마다 사죄의 선언을 듣기도 하며, 자신들의 죄로 인해 애통해하기도 하지만, 그들 안의 깊은 어디에선가 그들은 자신들이 정말로 용서받았음을 믿지 않고 있던 것이다. 그들은 성난 하나님이 자신들이 지은 용서받지 못할 죄에 대해서 벌을 내리실 것이라고 느꼈다. 그래서 나는 그들의 개인적이고 때로는 매우 사적인 죄 의식을 향해서 사죄의 선언문을 낭송했다.

돌아보니, 내가 그들에게 전한 것은 불완전한 복음이었다. 하나님의 자비와 용서에 대해서 말하는 것은 맞다. 이는 항상 복음이 가리키는 바다. 또한 새로워진 삶으로 사람들을 인도하는 것도 옳다. 회개와 갱신의 요청이 없는 사죄 선언은 값싼 은혜에 지나지 않기 때문이다. 그러기에 그 이상의 것이 필요했다. 사람들은 무언가가 여전히 부족함을 알고 있던 것이다. 아마도 그들 자신이 말로 표현할 순 없지만, 분명히 하나님과 여전히 거리가 있음을 느꼈고, 그런 상태에서 나는 그다지 도움이 되지 못했다.

앞선 논의에서 본 것처럼, 사람들은 그들과 하나님과의 관계가 회복되었음을 알 필요가 있다. 죄 사함을 아는 것만으로는 반쪽 복음에 지나지 않는다. 더욱 놀랍고 경이로운 선언이 아직 전달되지 않은 셈이다. "예수 그리스도 안에서, 그분을 통하여, 그리고 그분이신 하나님이 단지 당신을 용서하셨을 뿐 아니라 당신을 하나님 자신과의 친밀함 속으로 이끄셨습니다. 그러한 지식 안에 평안하십시오."

나는 사람들이 하나님과의 새로운 관계를 갈망한다고 믿는다. 교리에 대한 지적인 동의를 포함해서, 아니 그 이상으로 사람들은 하나님의 사랑을 갈망한다. 이 하나님의 사랑을 깊이 알고 경험하기 원한다. 하지만 하나님의 사랑은 모호한 성스러운 분위기가 아니다. 하나님의 사랑은 엄밀한 의미에서 우리를 아버지의 품에 데려다 놓으신 부활하시고 승천하신 예수님의 사역을 통해서 우리의 것으로 중재된 화해를 말한다. 이와 같이 성 토요일 분위기에서 부활 주일 분위기의 사역으로 전환하게 되면 사람들은 총체적 복음을 접하게 된다. 즉, 사람들이 용서 받고 화해하였으며, 죄 사함을 얻고 회복된 친교를 누린다는 사실을 말하는 복음이다. 이러한 전환은 우리로 하여금 다음과 같이 부활의 목회 중심에 가까이 이르게 한다. 목회는 죄의 용서와 성부와 함께 하는 새 생명을 선포하는 부활 주일 분위기로 이동하는 것이다. 이는 처음부터 끝까지 성자를 통해서, 그리고 성령 안에서만 가능하다.

그러나 사람들에게 총체적 복음을 제공할 때에는 제자도의 요청도 함께 주어져야 한다. 슬프게도, 이 또한 나의 목회 시절에 결여되었다. 나는 제자도가 하나님 안에서의 새 생명을 위한 은혜의 응답임을 제대로 알지 못했다. 그러므로 목회는 성부와의 친교가 회복되었음을 가리키는 것과 제자도의 순종을 명령하는 것 사이에 놓여 있어야 마땅하다. 다른 말로 해서, 이는 복음을 위한 조건과 복음의 결과 사이의 관계라는 측면에서 목회를 구성해야 한다는 것이다. 예수님은 복음을 위한 조건이 되신다. 그분은 모든 조건들을 충족시키신다. 그분을 통해서 우리는 용서 받았다. 그분은 우리를 성부께로 인도하신다. 하지만 그 분 안에 결과가 있다. 인생들은 예수의 모습을 지녀야 한다. 그리스도와의 연합이 가져오는 결과는 의심할 바 없이 예수의 모습을 따라 순종하는 삶이다. 죄 용서의 선포가 회개와 삶의 개선을 요청하는 것과 마찬가지로, 성부와의 친교가 회복되었음을 선포하는 것도 모든 삶에서 예수님을 따르는 제자도로의 헌신을 요청한다.

5장

# 부활하시고 승천하신
# 예수의 능력 안에서 맛보는 기쁨과 소망

예수님은 단순히 자신을 위하여 부활하지 않으셨다. 그분은 또한 우리를 위해서, 그리고 모두를 위해서 부활하셨다. 부활하시고 승천하신 주님으로서 예수님은 살아계시고 권능 가운데 우리를 위하여, 그리고 모두를 위하여 통치하신다. 이는 단순히 신학적 이론에 그치지 않는다. 그분의 부활과 승천은 우리의 삶과 사역에 직접적인 결과를 가져온다. 왜냐하면 그분은 살아계셔서 역사하시는 주님이시기 때문이다. 승천은 그분이 더 이상 우리, 또는 모두와 어떠한 연결 관계의 단절을 의미하지 않는다. 이는 성령 안에서 그분이 현존하심을 의미한다. 적어도 이것이 바로 우리가 믿는다고 고백하는 바다. 그러나 나는 현재 상황은 우리가 좀 더 정직하게 접근해야 할 때라고 본다.

우리는 적절한 신학적 안목과 아주 진지한 영적인 수고 없이는 성 토요일 분위기에서 스스로 벗어날 수 없다. 우리는 어중간한 상태에 갇혀 있는 셈이다. 이러한 이미지는 우리의 영적인 모호한 상태를 잘 보여준다. 문제의 대부분은 우리가 부활하신 예수의 능력 안에서 산다는 것이 어떤 모습이며 어떤 느낌인지에 대해서 잘못된 기대를 지니고 있다는 점에서 비롯된다. 우리의 부활절 신학은 살아계신 예수님의 생명에 참여하는 모습과 어울리지 않을 수 있다.

내가 의미하는 바를 예를 들어서 좀 더 설명해보겠다. 내가 20대 초년 시절, 기독교 신앙으로 갓 회심한 젊은이였을 때 에딘버러에서의 어느 부활 주일이 또렷이 기억에 남는다. 나는 이른 아침 예배에 참석하고자 했다. 대중교통은 원활하지 못했다. 그래서 나는 부모님의 집에서부터 내가 예배드리는 교회까지 16km에 이르는 언덕길을 자전거를 타고 갔다. 그 날은 날씨가 아주 좋았다. 일반적인 스코틀랜드의 봄 날씨와는 달리 화창하고 따스했다! 지금 시점에서 볼 때 그날의 예배는 기억나는 게 하나도 없다. 내 기억에 여전히 남은 것은 오로지 날씨뿐이다. 그런 까닭에 부활절을 생각하면 예기치 못한 화창한 햇빛의 기쁨이 연상되었다. 부활절이 비오는 날이나 추운 날이 되었다면, 나는 당혹스러운 모순을 느낄 것이다. 성 금요일에는 비가 올 수도 있다. 그건 어울린다. 하지만 부활주일과는 안 어울린다.

부활과 햇빛: 이것이 내 마음 속에 스며든 이미지다. 따라서 왜 부활절이 갈수록 자연의 소생, 나비, 토끼 (그리고 부활절 토끼가 쓰는 봄 모자도 물론이다) 등과 연결되는지 그리 놀랄 일도 아니다. 그러나 대부분의 장소에서 태양이

항상 비추지는 않는다는 것이 생명의 이치이다. 비가 오는 날의 부활절은 어떤 의미를 갖겠는가? 이를 하나의 은유로 간주해보자. 우리의 인생에는 잘 풀리는 '화창한' 날이 있는가 하면 비바람이 몰아치고 시련에 에워싸이는 '어두운' 날도 있기 마련이다. 우리 삶의 분위기도 화창하거나 어둡거나 한다. 내가 화창한 분위기 속에 있을 때만 부활하신 예수님의 능력 안에 거하는 것인가? 분명히 나는 화창한 날들 보다 어두운 날들 속에서 부활하신 예수님의 능력을 더욱 필요로 한다.

이것이 바로 우리가 부활절에 대해서 잘못된 기대를 갖고 있을 수도 있다고 하는 의미이다. 어쩌면 우리의 생각 속에 부활절은 화창한 햇빛과 같이 세상만사가 다 잘 풀린다는 의미와 연결되었을 수도 있다. 물론 그러한 낙관적인 관점은 오래 지속될 수 없다. 그러한 관점은 너무 피상적이어서 인생경험의 관문들을 통과할 수 없다. 이는 또한 신학적 적합성의 관문도 통과하지 못한다. 우리에게는 만사가 모두 어그러진 것 같을 때, 특히 이혼한 날이나 암 진단을 받은 날을 위한 부활절 신학이 진정으로 필요하다.

### 열다섯 번째 걸음: 부활절에서 성 금요일로의 목회

우리가 부활절 신앙에 성 금요일의 어두운 날을 포함시키지 않을 때 문제가 발생한다. 이는 경험상 부활 주일에는 예배당이 가득 채워지는데 반해 성금요일에는 출석률이 저조한데서 드러난다. 교회력에 따라 부활 주일은 성금요일 다음에 오게 되어 있다. 성 금요일이 없는 부활 주일은 아무런 의미가 없다.

그러나 나는 이보다 좀 더 급진적인 점을 말하고 싶다. **성 금요일 역시 부활 주일을 뒤따른다는** 사실이다. 이것이 바로 부활절 신앙이 우리에게 어렵게 된 상황이다. 이는 성 토요일 분위기에서 부활 주일의 기쁨과 소망 안에서의 목회로 이동하기가 가장 어려운 상황이기도 하다. 내가 의미하는 바를 설명하겠다.

빌립보서 3:10-11은 부활절 신앙을 이해하는 틀을 제시한다. 바울은 말하기를 자신은 그리스도와 그의 부활의 능력을 알기 원한다고 했다. 하지만 이러한 말을 하게 된 직접적인 상황을 보면 그 의미가 파악된다. "내가 그리스도와 그 부활의 권능과 그 고난에 참여함을 알고자 하여 그의 죽으심을 본받아 어떻게 해서든지 죽은 자 가운데서 부활에 이르려 하노니." 여기에는 목적 지향적인 움직임이 있다. 즉, 부활의 능력을 경험함으로부터 예수의 고난과 죽으심에 참여하여 부활의 영광을 열망하기에 이르는 움직임이다. 바울은 부활절에서 성 금요일로, 그리고 다시 종말의 소망인 부활절로 이동한다. 이는 많은 이들이 처절하게 살아가는 어둡고 힘겨우며 절망적인 곳에서의 목회를 허용하는, 아니 사실상 목회를 요청하는 부활절 신앙에 대한 이해가 자리 잡은 구조다.

부활절 신앙의 도전은 살아계신 예수님의 삶에 동참하라는 요청이다. 그리스도가 계신 곳마다 교회가 있다. 그리스도가 계신 곳마다 우리의 사역이 발견되어야 한다. 그리스도와 더불어 부활절을 경축하는 것은 우리의 기쁨이다. 그러나 그분의 마음은 그분의 백성들이 처한 곤궁으로 인한 사랑의 연민 가운데 지금도 아파하신다. 예수께서 형제자매들 가운데 가장 작은 자와 더불어 연대하신다는 이 복음은 그분의 부활 생명과 그 생명의 목적과 어긋나는 신성모독을 저지르지 않고서는 외면할 수 없다. 세상이 여전히 죽음에 이르는 궤도에 있다는 사실은 그리스도 안에서 계속되는 성 금요일이 존재함을 의미한다. 성령을 통해서 그분이 피조 세계의 어둡고 고독하며 위험하고 폭력적이며 절망적인 장소들 가운데 계속 거하시며, 자신이 사랑하시는 슬프고 죄악되며 버림받고 소외되고 가난하며 불행하고 절박하며 병들어 죽어가는 사람들과 계속 함께 하시는 한, 마태복음 25:31-46에 나오는 민족들에 대한 심판의 비유는 여전히 적용된다. "너희가 여기 내 형제 중에 지극히 작은 자 하나에게 한 것이 곧 내게 한 것이니라."(40절)

부활절 신앙의 표현으로서 우리는 이제 우리 주님의 계속되는 성 금요일에 들어서는 삶을 선택해야 한다. 부활절 신앙에서 주님의 계속되는 성 금요일에 동참하는 신앙을 실천하는 차원에서 우리는 암환자 요양소나 깨어진 가정, 또는 장례식장을 방문하기도 한다. 이러한 신앙의 실천은 우리로 하여금 도시 빈민들과 농촌의 무직자들, 아프리카의 판자촌, 그리고 서구 도회지의 세속화된 커피숍들을 찾아가게 한다. 우리가 성령 안에서 상처 입고 죄짓고 깨어지고 잃어버린 형제자매들을 찾아 나서는 이런 저런 예수님의 사역을 감당할 때, 우리는 부활 주일 분위기의 목회를 그와 같이 행하는 것이다.

우리가 다시금 성 금요일에 들어서기를 기대한다면 엄밀히 말해서 부활 주일의 분위기에서 사역함을 통해 가능하다. 그러나 이제는 제자들이 처음 성 금요일에 느꼈던 두려움과 위축, 고통과 혼란과 같은 분위기가 아니다. 우리는 이제 성 금요일에 들어서면서 주님이 살아 계심을 안다. 또한 성령 안에서 그분의 사역이 계속되며 그분의 승리가 보장되었음을 안다. 처음 성 금요일과 마찬가지로 이와 같이 계속되는 성 금요일 또한 부활의 영광으로 들리어 변화될 것이다. 우리가 고백하는 바를 증언하기 위해서 우리는 계속되는 성 금요일을 우리의 사역지로 삼으라는 부르심을 받아들여야 한다. 우리는 그러한 신앙의 고백에 비추어 설교하고 가르치며 치유하고 위로하며 소망을 부여함으로써, 할 수 있는 한 사람들의 고통을 덜어주고, 특히 무덤 앞에서도 "할렐루야, 할렐루야, 할렐루야, 예수께서 살아계시도다"라고 증언할 수 있어야 한다.

여기서 중요한 점은 우리가 사역을 하는 상황 속에서 순진하게 마법 같은 변화를 기대하며 성급해 하지 않도록 냉철해야 한다. 예수께서는 공생애 기간에 그러셨듯이 당신의 선택에 따라 계속해서 기적을 행하실 수 있다. 그러나 세상은 여전히 아파하며 신음하고 있다. 폭력이 만연한다. 전쟁이나 질병, 또는 죽음은 결국에 가서 우리 모두에게 임할 것이다. 그럼에도 불구하고, 빌립보서 3:10-11에서 바울은 부활 주일 분위기의 사역, 즉 우리를 어렵고 아마도 외관상으로는 감당할 수 없는 고난과 절망의 상황으로 몰고 가는 사역, 벅찬 요구를 받으며 심지어는 위험하기까지 한 이 사역은 바로 선포되고 약속되었으나 아직 완성되지 않은 두 번째의 종말론적 부활절을 배경으로 하는 사역이다. 이 사역은 소망의 지평 속에 있다. 나는 2차 세계대전이 발발하자 윈스턴 처칠이 위대한 연설을 통해 국민들에게 '피와 땀과 눈물' 외에는 약속할 것이 없다는 그 말을 기억한다. 고맙게도 우리에겐 의무를 요구하는 냉혹한 소명 이상이 제공되었다. 한 동안 목회는 '피와 땀과 눈물'처럼 느껴질 것이며, 종종 우리의 수고에 상응하는 보여줄 것이 별로 없다. 그러나 처칠의 연설을 듣던 영국 국민들과 달리, 우리는 그 결과를 안다. 그 이상이 있다. 우리는 최후의 승리를 가져오는 주께서 친히 성령으로 말미암아 우리 안에, 우리 중에 지금은 숨겨져 있으나 항상 함께 거하심을 안다. 성령께서 그렇게 자신의 사역을 행하심으로 말미암아 우리는 다시금 바울과 같이 고백할 수 있다. "이제는 내가 사는 것이 아니요 오직 살아 계시고 역사하시는 그리스도께서 사시는 것이라. 그 안에서 우리와 우리가 사역하는 이들에게 생명과 미래가 있다."(갈2:20을 보라.)

그리고 바울은 미래를 앞서 보며 하나님의 통치에 대항한 모든 것들, 심지어 최후의 원수인 죽음 그 자체가 패망하는 주 예수의 승리를 고대한다. 그러므로 바울은 자신도 죽음에서 부활할 것임을 알게 될 것이다. 마찬가지로 우리도 다가오는 영광의 배경 가운데 수고한다. 우리는 악이 종식된다는 것을, 즉 악에는 한계가 있음을 알며 사역한다. 우리의 현재 어둠에는 건너편이 존재한다. 우리는 새 하늘과 새 땅을 고대하는 가운데 현재 고난의 상황을 통과해서 다가오는 구속을 바라본다.

예수님의 부활과 승천을 뒤이어 계속되는 성 금요일에 동참하는 것으로 목회를 이해하면 우리는 기쁨과 고난, 그리고 소망의 사이라는 비현실적 관계 속으로 놓이게 된다. 예수께서 살아 계시기 때문에 기쁨이 있다. 그러나 고난 또한 우리에게 낯설지 않다. 그리스도와의 연합을 통해서 목회는 우리를 형제자매들 중의 가장 작은 자들 가운데 자리잡게 하기 때문이다. 그러한 자리에서 우리는 그들을 향한 주님의 사랑을 증언한다. 그리고 예수님의 최종 승리가 예견되어 있기에 소망이 있다. 그러므로 부활 주일 분위기의 사역은 기쁨과 소망으로 틀을 잡은 사역이다.

### 기쁨: 고난을 이기는 하나님의 승리

그토록 끔찍한 고난이 만연한 세상 속에서 우리는 어떻게 해야 기쁨을 제대로 느낄 수 있을까? 평온한 아침을 기대하는 우리는 자주 등장하는 신문의 끔찍한 머리기사들을 보면 마음이 불편해진다. 스코틀랜드의 시인인 로버트 번스(Robert Burns)의 '인간에 대한 인간의 비인간성'이라는 표현에는 상당히 의미심장한 무언가가 담겨 있다. 삶의 구석구석마다 고통과 악으로 말미암은 탄원이 존재하는 것을 볼 때, 우리의 삶은 이를 일으키시고 방조하는 신을 향한 도덕적 분노 가운데 사로잡히지 않겠는가? 그와 같이 우리를 짓누르는 고난에 직면했을 때 고양된 의식 속에서 살기 보다는 아마도 고통의 감각을 차단하는 편이 더 쉬울 수 있다.

기쁨이 우리가 고독과 두려움을 느낄 때마다 엉터리로 사기를 진작시키고자 어둠 속에서 휘파람을 부는 행위 이상이라면, 이처럼 우리를 고독과 두려움으로 몰고 가는 힘들과 직면해야 한다. 신앙은 자신감 속에서 그러한 힘들을 응시할 수 있어야 한다. 기쁨 속에서 살아가는 신앙과 기쁨에 의해서 구성되는 사역은 우리로 하여금 대안 경험의 형성을 통하여 죽음에 이르는 어둠과 직면할 수 있게 해야 한다.

성경적 신앙은 고난에 대한 하나님의 승리라는 삶의 정황 속에서 가장 먼저 기쁨을 말한다. 시편에 나오는 목양 구절은 이러한 관점을 잘 표현한다. "저녁에는 울음이 깃들일지라도 아침에는 기쁨이 오리로라."(시30:5) 나는 수년전에 췌장암과 수술과 항암치료를 받으면서 저녁에 울음이 깃든다는 의미가 무엇인지 안다. 지긋한 중년에 접어든 우리들 대부분은 밤새 울어본 경험이 있다. 그러나 울음은 우리 인생 이야기의 결승선이 아니다. 히브리어 본문을 보면, 기쁨에 해당되는 단어(린나rinnah)는 '크게 외치다', '선포', 또는 '노래'라는 뜻을 지닌다. 본문을 해석하는 가장 좋은 방법은 다음과 같다. "저녁에는 울음이 깃들일지라도 아침에는 [큰 소리로 외치는] 기쁨이 오리로다." 성경적 기쁨은 크고 확신에 찬 선언이다. 왜냐하면 이는 어둠에서 여명으로, 죽음에서 생명으로, 희망의 상실에서 희망의 발견으로, 절망에서 즐거움으로, 패배에서 승리로 전환시키는 능력이기 때문이다.

시편 30편은 감사의 시편으로서 시련에 들어서고, 시련에서 벗어나는 이야기를 알려 준다. 우리는 시편 기자가 직면한 육체적 문제를 모른다. 단지 죽음과 생존이라는 이미지 속에 그 문제가 묘사되었을 뿐이다. 죽음에 직면한 시편 기자는 부활을 경험하게 됨으로 인해 하나님을 찬양한다. 4절에서 시편 기자는 이제는 다른 모든 이들에게 하나님을 찬양할 것을 권유한다. 그와 같은 찬양은 한 개인에게 국한되지 않기 때문이다. 죽음의 저녁에 깃들었던 울음이 새로운 날의 기쁨으로 변화되었다.

시편 30:5의 기쁨에 해당되는 이 단어는 시편 126:6에서도 사용된다.

> 울며 씨를 뿌리러 나가는 자는
> 반드시 기쁨으로
> 그 곡식 단을 가지고 돌아오리로다.

또한 놀즈 쇼(Knowles Shaw)의 찬송은 이를 이렇게 표현한다.

> 씨를 뿌릴 때에 나지 아니할까
> 염려하며 심히 애탈지라도
> 나중 예수께서 칭찬하시리니
> 기쁨으로 단을 거두리로다

시편 기자가 기쁨을 표현하는 이유는 하나님이 그의 생애에서 치유의 역사를 일으키시기 때문이다. 여기서 기쁨은 큰 외침으로 이어지는 하나님을 향한 심오한 내적 감사의 마음을 표현하는 것이다. 큰 외침 뿐 아니라 심벌즈를 마주치는 큰 소리와 '할렐루야'의 큰 노래일 수도 있다. 어떻게 표현되든 간에, 이는 하나님의 행위에 응답하여 일어나는 기쁨이다.

### 열여섯 번째 걸음: 목적 지향적인 기쁨의 경축

온전함에 이르는 회복은 기쁨의 원인이다. 따라서 부활 주일 분위기의 목회는 어떻게 기쁨의 경축을 할 수 있는지를 안다. 이는 사람들로 하여금 하나님께서 그들의 삶 속에서 행하신 일들로 인한 기쁨을 크게 외칠 수 있게 한다. 이러한 기쁨을 표현함에 있어서 소심하거나 조용해야 할 이유가 없다. 이는 가슴 벅차게 표현되는 기쁨이다.

내가 말하려는 바를 한 이야기로 설명하겠다. 얼마 전 나는 피츠버그의 흑인 교회에서 설교해 달라는 부탁을 받았다. 교회를 '둘러볼 겸' 일찍 도착해 보니, 그들의 뜨거운 찬양 열기를 느낄 수 있었다. 성가대와 밴드 뿐 아니라, 도착하는 교인들도 예배가 시작되기 약 30분 전부터 '몰입하고자'(get up to speed) 하였다. 잠시 후 20대 청년 다섯 명이 하얀 예복을 입고 옆문으로 들어왔다. 집사들은 세례를 준비했다. 그들은 한 명씩 앞으로 나와 완전히 물에 잠겼다. 그리고 각 사람이 물에서 나올 때마다, 오르간은 크고 웅장한 연주를 내뿜었고 성가대는 할렐루야를 불렀으며 드럼은 경쾌하게 두드려졌다. 그리고 약 800명쯤 되는 교인들이 일어나서 박수를 치며 환호성을 지르고 노래를 불렀다. 이들은 죽음에서 생명으로 옮긴다는 세례의 의미를 이해한 교인들이다. 이는 진실로 경축해야 할 일이다.

교회와 신학의 다른 전통들은 다양한 방식으로 스스로를 표현한다. 그러나 공동체의 기쁨을 의도적으로 표현해야 할 일들이 있다. 출생으로 인하여, 그리스도로 오신 한 인격으로 인하여, 소명의 발견으로 인하여, 결혼으로 인하여, 기념일들로 인하여, 잘 지내온 삶으로 인하여, 치유로 인하여, 모은 돈이나 지은 건물로 인하여, 은퇴로 인하여, 죄의 회개 등의 이유로 인하여 우리는 하나님께서 사람들의 삶 속에서 역사하심에 대하여 믿음으로 기뻐한다. 하나님께서 역사하신다는 사실은 결코 당연시 되어선 안 되며, 언제나 감사와 큰 기쁨으로 받아들여져야 한다.

## 기쁨: 그리스도 안에서 하나님의 승리

물론 우리가 다루어야 할 주된 주제는 예수님의 부활 안에서 기뻐하는 삶이다. 요한복음 16:16-24에서 예수님은 예수님의 부활과 기쁨을 명백하게 연결시키신다. 또 다시 제자들은 예수님이 죽으시고 살아나셔야 한다는 것을 이해하기 힘들었다. 그래서 예수님은 그 의미를 풀어서 설명해주신다. 그분은 제자들이 예수님의 죽음으로 인해 울며 애통하게 될 것이라고 말씀하신다. 세상은 이러한 고통을 보면서 기뻐할 것이다. 또한 이 고통은 기쁨으로 변화될 것이다. 해산의 고통을 겪는 여인이 아기가 태어나면 새 생명의 기쁨으로 인해 더 이상 고통을 기억하지 못하는 것처럼 말이다. 마찬가지로, 예수께서는 제자들에게 그들 또한 고통을 겪게 될 것이라고 말씀하신다. 그러나 그분은 제자들에게 자신을 다시 보게 될 것이라고 안심시켜주신다. 그러자 제자들의 마음은 이로 인해 기뻐하였고, 누구도 그들로부터 그 기쁨을 앗아갈 수 없게 된 것이다. 또한 예수께서 말씀하시길 성부께서 그들이 구하는 것을 주실 것이며, 그로 인해 그들의 기쁨이 충만해질 것이라고 말씀하셨다.

기쁨에 대한 기독교의 독특한 이해는 우리의 기쁨을 예수 그리스도의 부활에 기초하게 한다. 그러나 또한 신약 성경은 일반적으로 볼 때 복음의 전체 이야기를 기쁨이라는 구조 속에 위치시킨다. 예를 들어, 누가는 처음이요 나중이신 예수 그리스도를 통한 하나님의 구원이라는 기독교적 복음이 기쁨의 원인이라고 선포한다. 구원의 메시지는 주의 천사들에 의해서 목자들에게 선포되었다. "무서워하지 말라. 보라, 내가 온 백성에게 미칠 큰 기쁨의 좋은 소식을 너희에게 전하노라."(눅2:10) 누가복음의 처음부터 기쁨, 정말로 큰 기쁨이 있었다. 왜냐하면 예수님의 나심은 좋은 소식이기 때문이다. 기쁨은 복음의 핵심적 표지이다. 누가복음 이야기의 끝에 가서 예수께서 승천하신 후에, 누가는 제자들이 예수님을 경배하고 또 다시 큰 기쁨과 함께 예루살렘으로 돌아갔다고 기술한다.(눅24:52) 따라서 누가복음의 마지막에도 큰 기쁨이 있다. 왜냐하면 주 예수께서 통치하시고 다스리시기 때문이다. 마태복음에서, 천사가 주께서 부활하셨다는 메시지를 전할 때 무덤가에 있던 여인들이 경험한 것도 바로 기쁨이다.(마28:8) 이 기쁨은 예수께서 죄와 악과 죽음을 이기시고, 이제 영원토록 살아 계시기 때문에 가능하다.

기쁨은 예수님 안에 그 원천을 두고 있다. 그분이 우리의 기쁨이시다. 그분이 누구이시며, 우리를 위해 무엇을 하셨으며, 또한 계속해서 무엇을 하시는지가 우리의 기쁨이다. 우리 주님의 나심과 죽으심, 부활과 승천은 그리스도인들의 기쁨을 위한 근거이자 기회가 된다. 기쁨은 예수님을 알고 그분 안에서 우리가 살아가는 결과이다. 그러므로 기독교적 기쁨은 단순히 흥겨움이 아니다. 오히려 예수님과 그분이 우리에게 주시겠다고 하신 약속을 깊이 신뢰함이다. "내가 이것을 너희에게 이름은 내 기쁨이 너희 안에 있어 너희 기쁨을 충만하게 하려 함이라."(요15:11) 따라서 그리스도인의 기쁨은 예수님 안에 거하며, 깊이 살아가는 삶과, 그로 인해 성부의 사랑을 확신하며 죽음에 대한 하나님의 승리를 신뢰함에서 비롯된다.

### 예수님의 기쁨

요한복음 15:11에서 요한은 예수님의 기쁨을 언급한다. 예수께서 자신 안에 거하라는 말씀을 하신 이유는 그로 인해 그분의 기쁨이 제자들 안에도 있게 함이라고 설명하셨다. 그러면 우리에게 선물이 되는 예수님의 기쁨은 무엇인가?

예수님 그에게 있어 기쁨은 분명히 성부와의 완전한 교제에서 비롯되는 심오한 인격적이며 친밀한 경험이었다. 이러한 교제가 임마누엘이신 그분의 존재를 성립한 것이다. 그분은 성자이신 하나님이기 때문에, 그분의 생애는 거룩한 삼위일체의 신비 안에서 영위되었다. 심지어 십자가 위에도 그분은 버림받고 방치된 느낌과 처절한 씨름을 벌이면서도, 여전히 자신이 누구이며 무엇을 위하여 존재하는지를 신뢰하는 선언으로 마무리하신다. "아버지, 내 영혼을 아버지 손에 부탁하나이다."(눅23:46) 그분의 기쁨은 거룩한 삼위의 연합 안에서 가장 깊은 생명과 관계로 우리를 인도하시는 일이다. 이는 다른 것으로 대체될 수 없다. 실제적인 용어로 표현하자면, 예수님의 기쁨은 성부의 명령을 준행하고, 성부의 사랑 안에 거함으로 표현되었다.

히브리서 12:2에서 우리는 예수님의 깊은 기쁨을 더욱 자세히 볼 수 있다. 히브리서 기자는 예수께서 "그 앞에 있는 기쁨을 위하여 십자가를 참으사"라고 우리에게 알려준다. 십자가에 이르는 여정에는 확실히 종교적이며, 사회적이고, 정치적인 차원이 있다. 그러나 그 내면의 가장 깊은 의미는 바로 예수께서 우리와 우리의 구원을 위하여 택하신 길이라는 사실이다. 그분이 온 세상의 죄를 감당코자 구원의 도구로 택하신 것이 바로 그분의 기쁨이었다. 이는 성부의 아들이며, 임마누엘, 즉 우리와 함께 하시는 하나님이라는 그의 가장 깊은 내적 존재와 우리를 위하시는 하나님으로서 성부로부터 받은 그분의 사명을 완성하는 길이었다.

이는 예수께서 고난당하심으로 피학적 즐거움을 취하셨다는 의미가 아니다. 그와 같은 견해는 어이없을 뿐 아니라, 신성모독적이다. 오히려, 상상가능한 가장 깊은 의미에서 그리스도의 기쁨은 그분의 성부와의 심오한 연합과 성부의 우리를 향한 사랑(요3:16)의 가장 충만한 표현으로서 우리의 죄를 위한 그분의 대속이며, 우리의 비참한 신세와 하나 되심(at-one-ment)이고, 갈보리 십자가 위에서 그 대가를 치르심이다. 예수님의 가장 깊은 기쁨은 인간적으로는 충분히 이해할 수 있는 십자가의 회피에서 나타나지 않았다.(눅 22:42) 예수께서는 단순히 낙천적인 감정이나 흥겨움과 같은 우리의 즐거운 감정을 완전히 초월하는 방식으로 하나님과 당신, 그리고 나를 섬기는 의미에서 십자가를 참으시는 가운데 가장 깊은 기쁨을 발견하셨다. 십자가 위에서 그분의 기쁨은 결국 그분이 죽음으로 온 세상을 위해 생명을 주신 분으로서 자신의 공생애를 완성함과 분명히 관계되어 있다. 십자가는 실패이고, 부활은 승리인 것이 아니다. 십자가가 바로 승리이며, 생명이라 할 수 있는 부활이 그에 따른 결과다.

성부와의 친밀한 연합과 구원의 역사로 말미암은 이와 같은 예수님의 기쁨은 그분이 이제 자신을 사랑하는 이들과 공유하는 선물이다. 예수님의 선물은 우리로 하여금 그분과의 연합을 통해 그분 자신이 누리는 성부와의 관계에 들어가게 하는 것이다. 따라서 예수께서는 요한복음 17:13에서 "그들로 내 기쁨을 그들[제자들과 당신, 그리고 나] 안에 충만히 가지게 하려 함이니이다."라고 기도하신 것이다. 예수님의 뜻은 우리가 그분의 구원의 기쁨으로 충만하고, 그분께서 성부와 누리는 가장 깊은 친밀감 안에서 우리가 그분과 연합하여 동참함을 통하여 기뻐하는 삶을 사는 것이다. 이 얼마나 놀라운가! 예수님의 본질인 아들 됨이 이제는 양자 삼으심을 통한 은혜로 말미암아 우리의 것이 되었다.(갈4:5)

### 열일곱 번째 걸음: 사역의 기쁨

기쁨이라 불리는 이 짧은 단어는 기독교적 성취의 그 풍성한 무게를 담을 만큼 충분히 견고하지 않다. 이 단어가 얼마나 쉽게 입에 오르내리는가. 우리는 그와 같이 작은 단어가 부활하신 예수의 생명에 동참하는 의미를 요약하기에 적합하리라고 생각하지 않는다. 하지만 엄밀히 볼 때, 예수님의 이름으로 행하는 사역은 실제로 기쁨이 함께 하는 사역으로 특징 지워져야 한다고 말해야 정확하다.

기쁨이 함께 하는 사역은 예수님 안에 거함의 열매다. 이는 기도하고, 성경을 읽고, 신학을 공부하고, 성령의 임재와 간섭을 분별하는 법을 배우라고 다른 방식으로 권면하는 것이다. 하지만 우리가 해야 하는 것을 포함해서 기쁨이 함께 하는 사역은 예수께서 우리에게 주신 선물이기도 하다. 또한 이는 선물이기 때문에 감사함으로 받고, 섬세하게 다루고, 즐거움으로 적용되어야 한다. 그러므로 기쁨이 함께 하는 사역은 의도적으로 주는 자와 선물에 집중하며, 겸손하게 책임을 자각하는 사역이다. 이는 언제 어디서나 예수님의 현존인 성령을 신뢰하며, 그분의 사역이 우리가 만나는 모든 사람의 삶과 우리가 마주하는 모든 상황으로까지 계속됨을 인정하는 것이다. 이는 그분이 계속해서 구세주가 되시며 구원은 우리가 걱정할 일이 아님을 확신하는 가운데 행하는 사역이다. 이는 모든 메시아적 허세를 단념하고 더 가벼운 짐을 지는 것을 기뻐하는 사역이다.

다른 한편, 나는 많은 목회자들을 만나게 된다. 내 목회학 박사 과정 수업이나 강연장, 또는 종종 이메일을 통해서 만나는 목회자들은 나에게 자신들의 고단함과 실패감, 되풀이되는 목회 업무에서 더 이상 즐거움을 맛보지 못함을 토로하곤 한다. 우리가 여기서 사용하는 용어로 표현하자면 그들은 사역의 기쁨을 상실한 것이다. 필요한 것은 더 많은 시간을 '방법'이나 목회 기법 서적들에 들이는 것이 아니다. 이들의 불안은 으레 본질상 기술의 빈곤이 아니라 영적인 것이다.

목회자가 예수님 안에 거하지 않을 때 생기는 불안감은 분명히 영적인 현상이다. 오직 그와 같은 예수 안에 거함을 첫 번째 과제로 삼을 때 우리는 그분의 기쁨을 공유하게 될 것이다. 거함과 기쁨의 연결 관계는 요한복음 15:1-11에 잘 내포되어 있다. 목회자가 더 이상 예수 안에 거하지 않는 이유들을 찾기란 그리 어렵지 않다. 온갖 교회 일로 인해서, 가지각색의 사역 과제들로 인해서 너무 바쁘고, 너무 바쁘고, 너무 바쁘다. 이토록 바쁘게 될 때 생기는 신 열매는 태만과 고단함, 집중성 결여, 방향 감각 상실, 지루함 등이다. 나는 또한 이러한 불안감 속에서 목회자가 고통을 경감시키기 위해 극단적인 길에 이르는 모습을 발견했다. 즉, 혼외정사나 과다한 음주와 같은 일들은 슬프게도 낯설지 않다. 그러므로 이제 영적으로 필수적이고 정직한 '중간 휴식'(time-out)을 가져야 할 때이다. 영적 생활의 실제적이고 현명한 진단이 절박하게 요청된다. 처음이나 마지막을 위한 휴식이 아니라, 다시 시작해야 할 때이기 때문이다.

정직하게 진단하라. 필요하다면 도움을 구하라. 당신에게 손쉬운 해결책을 내놓지 않을 목회적 지혜가 있는 누군가를 찾으라. 오랜 세월 동안 나에게는 그레고리 대제(Gregory the Great)의 「목회 규칙서」(*Book of Pastoral Rule*: George E. Demacopoulos, 2007)가 도움이 되었다. 이 책은 현명한 조언들과 통찰력있는 권고들의 요약본이다. (그레고리는 590년에 교황이 되었다. 심지어 칼뱅도 그를 전체 교회를 위한 정통한 교사로 보았다.) 아마도 영적인 지도자를 찾으면 도움이 될 것이다. 근래에 대부분의 로마 가톨릭 주거 공동체들은 영적인 조언을 찾는 개신교 목회자들에게 꽤 호의적이다. 주변에 물어보고, 누가 다른이들에게 도움이 되었는지 알아보라. 시간을 두고 영적인 부분에 초점을 맞춘 독서를 하라. 교회의 위대한 교사들과 성인들이 쓴 책들은 오늘날에도 대부분 새로운 번역본으로 쉽게 찾을 수 있을 것이다. 문제가 생기기 전에 적절한 도움이 있다면 가서 구하라. 나중에 그 문제는 큰 피해를 가져올 수 있다.

## 부활 신앙의 소망

기쁨은 소망과 분리될 수 없다. 복음의 소망과 기쁨을 위한 유일한 참된 기초는 하나님이 예수 그리스도 안에서, 예수 그리스도를 통해서, 그리고 예수 그리스도로서 죽음에 이르는 우리의 곤궁한 어둠 속으로 들어오셔서 세상에 빛과 생명을 가져다 주셨다는 사실이다. 기독교 신앙에 있어서, 소망에 관해 말한다는 예수 그리스도에 관해 말하는 것이다. 그리스도인의 소망이 기독교적 소망을 의미하긴 하지만, 이는 예수님과 더욱 크게 관련되어 있으며 그분과 연합하는 우리의 삶이 미래와 피조세계의 미래까지를 포함해서 의미하는 바를 말한다. 이를 달리 표현한다면, 소망에 관해 생각할 때 우리는 단지 감정적인 상태로 보는 것이 아니라 우리가 그분의 삶에 동참함으로 인해 우리의 소망이 되신 예수 그리스도를 묵상하는 것이다.

그러므로 늘 그렇듯이 예수께서 우리의 중심 주제이시다. 이는 내가 주관적 경험으로서 소망에 가치를 부여하지 않는다는 말이 아니다. 그와는 반대로, 고난과 죽음을 직면한 인간 경험으로서의 소망은 놀라운 일이다. 언제나 소망을 품는 소망의 사람들이 존재하기 마련이다. 하지만 부활하신 예수께 대한 부활절 신앙 안에서 소망 그 자체가 주제는 아니다.

소망에 관해서 생각해 볼 때 가장 먼저 떠오르는 주제는 죽음이다. 죽음의 신(Grim Reaper: 서구의 민속 문화에 나타나는 낫을 들고 긴 망토를 걸친 해골모양의 존재—역주)은 평등하게 죽음의 낫을 휘두를 것이다. 죽음을 부정함(에른스트 베커Ernest Becker)이 우리 사회의 전형적인 모습이긴 하지만, 그래도 죽음은 늘 우리 주변에 있고 우리 안에서 진행되고 있다.(고후4:12) 죽음의 거침없는 결정권은 우리를 짓누르고 있기에, 우리의 관심을 재촉하며 응답을 요청하는 긴박감과 비애감이 있게 마련이다. 소망의 신학은 우리가 죽으면 어떻게 되는가라는 주제를 다루지 않을 수 없다. 또는 달리 표현해서 우리가 죽으리라는 것을 안다면 우리는 어떻게 소망을 가질 수 있을까? 그러면 우리는 우리 자신의 죽음 뿐 아니라 우리가 사역하는 사람들의 죽어감과 죽음에 대해서도 성찰해야 한다. 목회자에게 죽음은 매우 빈번하게 응답을 요청하는 사안이다.

신약 성경에서 죽음에 직면한 기독교적 소망은 예수님의 부활에 기초한다. 고전적인 본문은 베드로전서 1:3이다. "그의 많으신 긍휼대로 [하나님께서] 예수 그리스도를 죽은 자 가운데서 부활하게 하심으로 말미암아 우리를 거듭나게 하사 산 소망이 있게 하시며." 바울 또한 이렇게 말한다. "하나님이 주를 다시 살리셨고 또한 그의 권능으로 우리를 다시 살리시리라."(고전6:14) 요한복음 14:19에서 예수께서는 "이는 내가 살아 있고 너희도 살아 있겠음이라"고 말씀하신다. 사도행전 23:6에서 바울이 공회 앞에서 죽은 자의 소망 곧 부활에 관해서 말하는 장면은 아마도 더욱 일반적인 차원일 것이다. 그리고 더 나아가 바울은 이렇게 말한다. "만일 그리스도 안에서 우리가 바라는 것이 다만 이 세상의 삶 뿐이면 모든 사람 가운데 우리가 더욱 불쌍한 자이리라."(고전 15:19) 초기 그리스도인들은 부활을 단지 예수께서 살아 계신다는 표시일 뿐 아니라, 그들 또한 죽음을 넘어서 살게 된다는 보증으로 믿었다. 그러므로 나의 논점은 다음과 같다. 소망은 예수님께 일어났던 일이 우리에게도 일어나리라는 사실을 신뢰하는 것이다.

몇몇 교회들에서 치르는 장례 예배가 기독교적 소망의 예배(the Service of Christian Hope)라고 명명되지 않는다는 사실은 흥미롭다. 이는 마치 지금과 같이 마지막까지 모든 것이 우리 자신과 우리의 신앙과 우리의 소망, 그리고 영생에 관한 우리의 이론에 달린 것처럼 보이기 때문이다. 오히려, 장례 예배는 부활의 증언으로 불린다. 여기에는 심오한 진리가 담겨 있다. 모든 것, 즉 정말로 마지막에 이르렀기에 우리가 최종적으로 말할 수 있는 그 모든 것은 예수 그리스도께 달려 있다. 그분의 미래로 우리 자신과 서로를 맡기며 하나님께 그 안에서 평안하도록 기도하는 것뿐이다. 소망은 그 자체에 초점을 맞추기 위함이 아니라, 그 자체로부터 나와서 부활하시고 승천하신 예수 그리스도께로 향하기 위함이다. 부활의 신앙은 영원한 생명이 예수 그리스도 안에서 우리에게 주어졌음을 믿는다. 신앙이 믿는 바를 소망은 기대한다. 소망은 신앙과 같은 목표를 갖고 있다. 즉, 예수께서 살아 계시기 때문에, 우리 또한 그 분 안에서 살 것이다.

### 열여덟 번째 걸음: 부활 주일의 분위기에서 드리는 장례식

기독교의 장례예배는 종말론적 사건이다. 이 예배에서 우리는 우선적으로 죽은 자들을 다시 살리실 하나님의 역사를 열망한다. 이는 그리스도 예수 안에 있는 자들에게 약속된 것이다. 그와 같이, 장례예배 보다 더욱 부활 주일 분위기의 사역에 적합한 것은 어디에도 없음이 분명히 드러난다. 그 초점은 복잡하지 않다. 우리가 예수께서 약속하신 바를 신뢰하기 때문에 죽은 자와 그 죽은 자를 위해 산 소망이 있다는 사실이다. 장례예배에서 우리는 부활 주일 분위기의 사역에 우리가 그 메시지를 널리 알리기 위해 제공할 수 있는 모든 자유와 공간을 부여할 수 있다. 그 메시지란 바로 예수께서 살아 계시며, 그와 같은 고백의 확신 속에서 장례예배는 선언적이고 확신에 찬 어조와 내용을 지니게 된다는 것이다.

죽은 자를 둘러싼 장례식과 관습들은 종종 독특하고 지역에 따라 다르기 때문에 사실 매우 민감한 사안이 될 수 있다. 따라서 목회자들은 장례예배를 집전하면서 너무 창의적이거나, 너무 특이하지 않도록 지혜를 발휘해야 한다. 장례예배들은 대부분 보수적으로 치러진다. 그럼에도 불구하고, 신앙 보다는 문화를 더욱 반영하려는 관습과 기대가 자연스럽게 형성된다. 그래서 나는 부활 주일 분위기의 장례예배를 다음과 같이 구성할 것을 제안하는 바이다.

우리의 산 소망이신 예수님께 대한 신앙은 어디에서나 고백될 수 있다. 그러나 어떤 장소가 다른 장소들에 비해서 기독교적 소망과 더욱 잘 어울리는 시각이나 음향, 느낌을 전달하는데 효과적일 수 있다. 따라서 나는 내 장례예배가 내가 예배드리는 교회에서, 나와 친했던 모임의 교인들 가운데서 치러지기를 요청해왔다. 교회에서 장례식을 치러야 할 강력한 이유를 제시할 수 있다. 왜 사람들이 자기 인생의 마지막을 교회에서 보내지 않고 장례식장이라는 세속적이고 상업적인 장소에서 보내야 하는가? 왜 이처럼 신앙의 가장 엄숙한 행위가 교회 말고 다른 곳에서 치러져야 하는가?

기독교적 장례는 예수님의 부활과 그리스도 안에 있는 이들을 위한 소망을 증언하는 성경 본문들을 통해서 바르게 정립된다. 이에 대한 강조가 또한 설교와 기도의 모습을 형성한다. 기독교적 장례는 미래를 바라보는 기독론적 진리가 충만한 언어로 채색되어야지, 과거를 회상하는 송덕문이어서는 안 된다. 이는 송덕문을 읊을 마땅한 순서가 없다는 말이 아니다. 송덕문을 통해서 우리는 참석자들이 사랑하는 한 실존 인물의 장례가 치러지고 있음을 알게 된다. 내가 말하고자 하는 바 장례 예배는 종말론 신앙의 예전적 표현이며, 부활에 기초한 언어와 부활 이해에 근거해서 고인을 위한 예수 안에서의 미래를 소망하며 열망하는 자리여야 한다.

내가 속한 스코틀랜드 장로교 전통에서는 거의 본 적이 없지만 장례예배에서 성찬을 집전하는 것도 적절하고 도움이 되리라 생각한다. 성찬은 부활 신앙에 비추어 해석되는 생명과 죽음의 심오한 표현이다. 성찬은 기억(anamnesis)을 위한 음식인 만큼, 또한 참된 현존과 미래 소망의 음식이기도 하다. 우리는 주 예수께서 잡히시던 밤에 떡을 가지사 "이를 행하여 나를 기념하라."고 하신 말씀을 기억한다. 우리는 또한 성령 안에서 예수께서 우리를 자신에게로 가까이 데려오셔서 우리로 생명의 떡이신 그분을 힘입어 살게 하심을 믿는다. 여기에 애통하는 자들을 위한 위로가 있다. 그러나 그 이상으로 우리는 성찬을 종말의 잔치를 열망하는 사건으로도 해석한다. 그 때 승리한 교회는 주 예수와 함께 하는 영광 안에서 축연을 즐긴다. 적절한 설명을 곁들이면 장례예배에서의 성찬은 종말적 신앙을 있는 그대로 표현하며 경축하기에 알맞다.

## 구원의 소망

소망의 제하에서 성찰해야 할 두 번째 사안은 죄와 용서의 문제다. 칼뱅은 죄는 외래적이라 말하곤 했다. 이 말은 죄는 우연한 것이며 우리의 인간됨에 내재된 것이 아니라는 의미이다. 그래서 죄는 사실상 설명할 수 있는 실체가 아니다. 죄에는 해결 불가능한 무언가가 여전히 있다. 죄의 사악한 힘은 사실상 오직 하나님께서 죄를 멸하고자 하셔야 했던 일에 비추어 이해될 수 있다. 죄의 핵심에는 하나님과의 깨어진 관계가 있으며, 그래서 죄는 신비로 남아 있다.

속죄는 복음에 내재되어 있다. 복음의 소망은 단지 고난 받는 이들을 위한 예수 그리스도 안에서의 미래일 뿐 아니라, 죄인들을 위한 하나님 안에서의 미래이기도 하다. 모든 목회자들은 주된 목회의 문제는 지금도 너무 많은 사람들이 구원의 확신을 결여하고 있다는 데에 있음을 알고 있다. 사람들은 자신들의 죄가 정말로 용서 받았음을 여전히 확신하지 못하고 있다. 이 점에서 복음의 소망은 예수 그리스도 안에서 하나님의 은혜가 그들에게도 적용된다는 사실을 보여주는 것이다. 또는 이를 관계적인 용어로 표현하자면, 사람들은 우리로 하여금 죄된 행동을 하게 했던 하나님과의 깨어진 관계가 치유되었음을 들어야 한다는 것이다.

로마서 4:25은 많은 종교개혁가들이 가장 좋아했던 구절이다. 우리 주 예수 그리스도께서 "우리가 범죄한 것 때문에 내줌이 되고 또한 우리를 의롭다 하시기 위하여 살아나셨느니라." 죄의 대속과 긍정적인 의로움의 전가는 부활을 통해 완성된 그리스도의 사역에 전적으로 속한다. 그러므로 소망이란 우리를 대신하신 예수님의 사역에서 비롯되는 용서의 확신을 신뢰하는 것이다.

나의 은사이셨던 스코틀랜드의 신학자 고 토마스 토랜스는 자신의 어린 딸이 걷도록 도와주었던 이야기를 우리에게 말해주곤 했다. 수십 년이 지나도 그는 여전히 자신의 손에 남아 있는 딸의 손길을 느낄 수 있다고 했다. 딸이 넘어지면, 바로 잡아준 것은 그의 손이었다. 토랜스 박사는 이 이야기를 사용해서 예수 그리스도를 통한 하나님 안에서 우리의 새 생명에 관하여 말하였다. 그리스도 안에서, 그리고 성령을 통해서, 하나님은 우리의 손을 굳게 잡고자 우리의 상실된 인성 안으로 들어오셨다. 이리 저리 넘어지고, 영원한 죽음에 이르는 죄의 거대한 심연 속으로 떨어지는 찰나에 그리스도께서는 우리를 붙잡으셨다. "거기서도 주의 손이 나를 인도하시며 주의 오른 손이 나를 붙드시리이다."(시139:10)라고 시편 기자는 말했다.

우리가 은혜의 선물인 신앙 안에서 하나님의 손을 잡고자 하면, 우리는 이미 안전하게 하나님의 손이 우리에게 임하셨음을 발견하게 된다.(시139:5) 이 진리는 베드로가 물 위를 걸으려다 믿음을 잃고 물속에 빠져 들어갈 때 주께서 베드로의 손을 붙잡으셨던 극적인 이야기에서도 나타난다.(마14:31) 구원을 향한 우리의 소망은 마치 우리의 결정과 행동이 소망의 경륜을 이루는 주된 부분인양 우리가 하나님의 손을 붙잡았다는 사실에 있는 것이 아니다. 오히려 구원을 향한 우리의 소망은 무엇보다도 예수 그리스도의 인성 안에서 하나님의 손이 이미 우리를 향해 오시고 우리를 발견하시고 우리의 손을 꽉 붙잡으셨다는 사실에 근거한다. 용서 받은 죄의 급진적 결과 긍정적 의로움의 전가는 우리 자신의 선함과 경건이나 선행에 신뢰를 둘 수 없으며, 오직 예수 그리스도의 은혜 안에 전적으로 우리의 소망을 두어야 함을 의미한다.

부활의 소망 안에서 우리는 예수님의 부활을 기초로 한 죽음 너머의 미래를 기대한다. 마찬가지로 우리는 예수님의 속죄와 그분의 부활 안에서 성부께서 그의 속죄를 용납하셨다는 기초 위에 우리의 죄악 된 과거와 미래의 불순종 및 불신에도 불구하고 다가오는 미래에 대한 소망을 갖게 된다. 이는 하나님이 언젠가 우리의 삶을 특징짓는 죽음과 파괴와 폭력의 사악한 순환을 깨뜨리실 것이라거나, 또는 우리가 별안간 그 메시지를 받고 윤리적이며 죄 없는 삶을 살게 되리라는 희망이 아니다. 이는 예수 그리스도께서 이미 이러한 사악한 순환 속으로 들어오셨고, 이를 죽음에서 생명에 이르는 순환으로 바꾸셨으며, 우리에게 새로운 인간됨을 회복시키셨고, 그분과의 연합 안에서 우리가 날마다 그분의 승리로 말미암아 부활의 신앙을 살아갈 수 있다는 지식에 기초한 소망이다.

### 열아홉 번째 걸음: 용서의 예전

죄 용서의 확신 속에서 소망이 어떻게 부활 주일 분위기의 사역을 위한 초점이 되는지를 엿보기 위해서, 나는 용서의 예전이 필요함을 주장한다. 여기에는 두 가지 측면이 있다. 첫째로, 사람들은 하나님의 사죄 선언을 듣고 자신들이 그 선언을 받아들였음을 표현해야 할 필요가 있다. 둘째로, 사람들은 서로에게 용서를 선언해야 할 필요가 있다.

로마 가톨릭과 일부 성공회 및 루터 교회 사람들이 자신들의 죄를 예전적 정황 속에서 표현할 수 있는 화해의 의식이 있다. 이와 같이 행동으로 표현된 고백은 죄악 됨에서 용서의 수용으로 옮기는데 도움이 되는 방법일 수 있다. 물론 개신교회들은 성직적 중재, 즉 사제적 직무의 필요성을 인정하지 않지만 화해의 행위라는 개념이 내게는 유익해 보인다.

교회의 교인이었던 한 부부가 이혼하는 상황을 고려해보라. 잠시 이혼의 신학적 정당성과 같은 주제는 제쳐두자. 이혼이라는 상황 그 자체를 처절한 삶의 실체로 받아들이자. 이유가 어떻든 간에, 그리스도인 남성과 여성들도 사랑이 식거나 서로에게 상처 입히는 행동을 함으로 관계가 깨어지는 일이 일어난다. 이혼에 직면한 이 부부를 큰 아픔이나 쓰라림 없이 앞으로 나아가도록 도울 수 있는 길은 무엇이겠는가?

목회적 상상의 훈련 차원에서 용서의 예전을 행할 것을 고려해보라. 대부분 이 예전은 사적으로 행하거나 아니면 가족이나 친한 친구들 사이에서 행하게 될 것이다. 복음적 은혜의 언어로 인도되는 상황에서, 각 사람은 하나님 앞에서 회개의 말을 표현하도록 권유받을 것이다. 쉽게 말해서, 각 사람은 죄를 고백할 것이다. 각 사람은 서로에게 회개의 말을 표현하도록 권유받는다. 쉽게 말해서, 각 사람은 과거의 행동에 대해서 슬픔을 표현하게 될 것이다. 목회자는 하나님의 자비를 선포할 것이다. 각 사람은 서로에게 용서의 말을 표현할 것이다.

나는 그와 같은 용서의 예전 한 번으로 결혼관계가 화해에 이를 것이라고 말할 수 없다. 왜냐하면 한 번도 그러한 예전이 집행되었다는 이야기를 들어본 적이 없기 때문이다. 하지만 나는 그러한 용서의 예전과 더불어 상호간의 상처와 분노가 표현되고, 서로가 듣게 되고, 서로 수용할 수 있으리라고 생각한다. 하나님과 서로 앞에서 회개를 표현했다. 그러한 상황에서 새로워진 삶을 추진할 수 있는 희망이 생기는 것이다.

## 변화를 위한 소망

예수 그리스도는 모든 생명을 다스리시는 주님이시다. 그러므로 소망의 신학은 세상의 변화를 위한 신학이어야 한다. 우리의 경제적이며 정치적인 경험 한 복판에서 하나님의 통치를 증언하기를 추구하지 않는 복음에 의해 약속된 소망은 전혀 소망이라 할 수 없을 것이다. 우리는 단지 죽음과 죄와 관련된 분명한 관심사들 뿐 아니라, 사회적 의로움을 위한 심오한 성경적 관심들 또한 다루어야 한다. 대략적으로 말해서, 신실하게 살아가는 그리스도인들은 세상에서 변화를 일으키는 삶을 살게 된다는 것이다. 물론 우리는 하나님의 충만한 통치를 실현하지 않을 것이다. 그러나 분명히 우리는 그러한 방향으로 변화의 움직임이 일어나기를 기대해야 한다.

기독교적 소망은 우리를 지구 바깥으로 보내는 것이 아니다. 이는 우리로 하여금 역사 안에서의 삶을 포기하게 하지 않는다. 오히려, 소망은 이 땅 위에서, 그리고 역사 안에서 성령이 현존하시는 예수님의 부활 사역에 지금 동참하는 제자도의 부르심에 순종하는 삶의 방식이다. 결국, 만일 우리가 성육신 하시고 세상을 주장하시며 역사를 구속하시는 주 예수 그리스도와의 관계 안에 있다고 하면, 우리는 그러한 관계가 성령을 통해서 악의 세력 아래서 살고 죽는 사람들을 계속해서 구원하시는 역사에 우리를 참여시키리라는 기대를 할 수 있을 것이다.

살인과 고문, 기아와 죽음이 자행되는 상황 속에서 모든 신학이 행해지고 모든 신앙의 삶이 영위된다. 살아계신 주님 안에서의 소망은 우리를 진리를 결여한 기존의 실체와 대립하는 상황으로 인도한다. 이는 하나님의 통치를 저항하는 현 상황과 조화할 수 없는 주님의 삶을 우리가 공유하기 때문이다. 예수님의 부활이 지니는 능력을 아는 우리는 그분 안에서 소망을 표현하는 삶이 죽음과 희망의 상실에 맞서는 과정을 결정하며 변화시키기에 자유를 누리게 된다.

기독교적 소망은 소망을 정치로 용해시키지 않는다. 그러나 그리스도께 대한 순종을 통해서 그리스도인들은 변화를 요청하는 상황 속에 놓이게 된다. 왜냐하면 복음의 소망은 또한 가난하고 착취된 자들이 있는 곳 어디에서나 그들을 위한 소망으로 나타나야 하기 때문이다. 구체적인 참여의 모험을 감수하지 않는 소망의 사역은 궁극적으로 소망의 사역이 될 수 없으며, 대신 전염될까 두려워 구석으로 숨는 믿음 없음의 표징이 될 것이다. 신앙의 충만함은 항상 참여의 모험을 수반한다.

내가 염두에 두고 있는 바를 구체적인 예들을 통해 설명하려고 한다. 어떤 예들은 다른 예들 보다 더욱 흥미로울 수 있다. 우리 각자는 이러한 종류의 사역에 이르는 나름대로의 길을 찾아야 한다. 많은 교회들이 인류를 위한 해비타트 운동(한국에서는 사랑의 집짓기라는 이름으로 활동한다.—역주)이나 유사한 사역들에 적극적으로 참여한다. 다른 교회들은 정신 지체아들을 돕거나 초등학생들의 기초 글쓰기와 읽기 훈련을 도와주는 학습지도에 참여하기도 한다. 굶주림과 노숙, 십대 임신, 마약 중독 등에 종사하는 사역처럼 평화를 도모하는 사역들도 일반적인 형태다. 그리스도인들은 국제 앰네스티의 회원으로 참여해서 정기적으로 정치범들의 석방을 촉구하는 서한을 작성하기도 한다. 우리는 월요일 아침이 되면 그리스도인으로서의 정체성을 내려놓는 것이 아니다. 그렇다면 기업체에서, 통상무역 조합에서, 교육과 건강 돌봄 업무에서 그리스도인이 된다는 것은 무슨 의미인가? 그리스도인으로서 정치인이나, 경찰이나 군인, 외교관, 또는 국제 구호 종사자가 된다는 것은 무슨 의미인가? 기독교 신앙과 시민 책임 사이의 바른 관계는 무엇인가?

이와 같은 예들과 질문들은 기독교적 사역에 잠재된 엄청난 범위의 변화를 암시해준다. 늘 그렇듯이 주된 쟁점은 분별력이다. 성령을 통해 예수께서는 세상 어디에서 일하고 계신가? 또한 내가 그러한 일에 그분과 연합하여 그분의 몸의 지체로 참여한다는 것은 어떤 의미인가?

> "이제도 계시고 전에도 계셨고 장차 오실 이로 말미암아 은혜와 평강이 너희에게 있기를 원하노라."(계1:4-5 편집)

# 6장

# 부활하신 예수의 능력 안에서 행하는 목회

책 전체에서 나는 우리가 어떻게 성 토요일 분위기의 사역에서 부활 주일 분위기의 사역으로 옮겨갈 수 있는지를 보여주는 단계들을 제시했다. 이러한 단계들은 앞으로 나아갈 길을 가리키기 위해서 제공되었다. 그렇다고 제시된 단계들이 12단계 프로그램(원래는 알콜중독자의 치료를 위해 미국에서 시작된 12단계로 진행되는 프로그램—역주)과 같은 의미에서 처방적인 역할을 하는 것은 아니다. 나는 부활 주일의 무드에서 목회를 정립하려고 한다. 이를 위해서 나는 성경과 신조에 입각한 여섯 가지 진술들과 그에 따르는 사역의 특성들을 선택했다. 이 목록은 포괄적인 것이 아니라 단지 부활 주님의 기쁨과 소망 안에서 사역함의 방향을 제안한 것뿐이다. 늘 그렇듯이 내가 제시해야 할 이는 성령의 능력 안에서 살아계시며 역사하시고 통치하시는 예수님이시다.

부활 주님의 기쁨과 소망 안에서 행하는 사역은 독특한 방향성을 지녀야 한다. 하지만 나는 예수님을 목회나 회중의 갱신을 위한 프로그램에 맞춰 각색하지는 않을 것이다. 살아계신 주님으로서 그분의 실재는 그렇게 파악되기에는 너무도 광대하다. 그러나 우리가 부활하신 예수님의 생애와 사역을 확고하게 고백하는 확신을 지닐 때 더 이상 성 토요일 분위기에 갇히게 되지 않을 것이다. 성령 안에서 우리는 예수님의 생명에 동참한다. 그리고 살아계신 이로서, 그분의 사역은 지속된다. 우리의 사역을 가능하게 하는 것은 그분이 하시는 사역의 실제성(actuality)이다.

### 송영으로서의 사역: 만복의 근원이신 하나님을 찬양하라

기독교 신앙과 삶과 사역의 모든 것들을 위한 기본 방향은 하나님의 영광을 찬양함이다. 바울이 우리에게 가르친 대로 "무엇을 하든지 다 하나님의 영광을 위하여 하라."(고전 10:31) 웨스트민스터 소요리문답의 서두에도 비슷한 말이 나온다. "인간의 주된 목적은 무엇인가? 인간의 주된 목적은 하나님을 영화롭게 하며, 그를 영원토록 즐거워하는 것이다." 모든 일에서 하나님께 영광을 돌리는 삶이 우리의 기쁨이다. 구체적으로 말해서, 이는 우리가 하는 모든 일들을 성자 예수를 통해서 성령의 하나 되게 하심 가운데 죽음과 죄와 악의 권세를 이기신 하나님의 승리로 인해 성부께 감사로 바치라는 의미이다.

하나님께 영광을 돌리는 근거는 유일하며 구체적인 부활하신 예수님의 생명과 미래 때문이다. 만일 우리가 송영의 삶을 살고, 송영의 사역을 한다면, 우리는 거듭해서 생동감 있게 예수님의 부활을 통한 생명과 사역의 중요성을 기억할 필요가 있다. 예수님의 부활을 통한 생명과 사역은 하나님의 영광이며, 우리의 영광스러운 미래이기 때문에 큰 비중을 지닌다. 우리는 단지 용서받을 뿐만 아니라, 영원한 생명으로 부활하게 된다. 우리 또한 용서 받았고 하나님의 기쁨과 하나님과의 교제를 위하여 영화로운 삶으로 다시 살아난다. 우리는 인류 역사의 전 영역이 하나님의 뜻과 권능을 통해 예수 그리스도에 의해서, 그리고 예수 그리스도 안으로 모여져서 만물이 새롭게 되는 새 하늘과 새 땅을 고대한다. 예수께서는 이렇게 기도하셨다. "아버지여, 내게 주신 자도 나 있는 곳에 나와 함께 있어 아버지께서 창세 전부터 나를 사랑하시므로 내게 주신 나의 영광을 그들로 보게 하시기를 원하옵나이다." (요17:24)

위대한 완성의 영광스럽고 무한한 존엄은 우리가 상상할 수 있는 능력을 넘어선다. 우리의 생각은 너무 이 땅을 향하여 있다. 그러나 신약 성경은 올바른 방향을 가리키는 권고를 전해준다. 빌립보서 3:21은 이렇게 말한다. "[예수 그리스도께서] 우리의 낮은 몸을 자기 영광의 몸의 형체와 같이 변하게 하시리라." 베드로전서 5:1은 나타날 영광에 참여할 자를 언급한다. 로마서 8:18에서 바울은 "현재의 고난은 장차 우리에게 나타날 영광과 비교할 수 없다."고 말한다. 다른 말로 해서, 신약 성경은 신자들이 예수 그리스도의 모습을 지니게 됨으로써 이제로부터 누리게 되는 복된 삶을 말한다.

"사망을 삼키고 이기리라고 기록된 말씀이 이루어지리라.
사망아 너의 승리가 어디 있느냐?

사망아 네가 쏘는 것이 어디 있느냐?
사망이 쏘는 것은 죄요. 죄의 권능은 율법이라.
우리 주 예수 그리스도로 말미암아
우리에게 승리를 주시는 하나님께 감사하노니.” (고전15:54-57)

이 말들은 살아계신 주 예수와 우리를 대신하는 그의 현재와 미래적 사역의 실재에 기반을 둔 표현이다. 예수 그리스도와의 연합 안에서 신앙은 미래를 향해 열려 있게 되고 따라서 소망을 바라는 특징을 지니게 된다.

우리 주님께서 성부와 성령과 더불어 하나 됨의 교제를 하시듯이, 우리도 그분 안에서 그에게 속한 영광에 참여한다. 예수께서는 이렇게 기도하셨다. “내게 주신 영광을 내가 그들에게 주었사오니 이는 우리가 하나가 된 것 같이 그들도 하나가 되게 하려 함이니이다.”(요17:22) 이는 현재적이면서, 미래적이기도 한 실체다. 그리고 궁극적으로는 우리와 예수 그리스도의 연합이 의미하는 바다. 그러한 연합 안에서, 그리고 연합을 통해서, 우리는 거룩한 삼위일체의 교통 안에서 그리스도의 생명과 사랑을 공유하는 하늘 아버지의 자녀로서 영원토록 인정받는 것이다.

이러한 구조 속에서의 사역, 즉 송영으로서의 사역은 하나님의 승리와 모든 백성을 위한 하나님과 함께 하는 미래에 대한 확신이라는 특색을 갖게 된다. 이는 우리가 사역하는 사람들의 인생 대본 마지막 단어가 패배와 절망, 그리고 죽음이 아님을 확신하는 것이다. 이러한 구조 틀 속에서 사역을 하는 이들은 목회 직무에서 암과 이혼, 그리고 폭력이 사람들의 운명을 결정짓는 최종 행위가 아님을 안다. 최후의 단어는 "귀향 환영!"(Welcome home)이 될 것이다. 최후의 행위는 하나님의 '집'으로 환영하는 포옹이다. 이를 우리는 사람들에게 다시, 또 다시 말해야 한다.

인생 대본이 패배와 절망, 그리고 죽음으로 결말이 맺어지는 것처럼 보이고, 이혼과 암, 그리고 폭력이 마침내 승리하는 것처럼 보일 때 하나님을 찬양함에는 직관에 반하는 심오한 의미가 있음을 인지하는 못하는 것은 실로 어리석다. 매일처럼 수많은 사람들이 뼈아픈 슬픔과 무기력한 두려움, 그리고 끝도 없는 절망감을 경험하는 상황에서, 하나님을 찬양한다는 것은 표면적으로 볼 때 도덕적으로 무례해 보인다. 우리는 하나님께 지금 역사해달라고 부르짖는다. 또한 별로 나아지는 것이 없는 상황에서 우리의 비판자들에게 줄 대답이 궁색하다. 이러한 상황에서 그리스도인들은 사역을 소망의 지평에서 부르는 송영으로 삼아야 한다. 왜냐하면 아직 시간이 끝나지 않았기 때문이다. 소망이 없는 송영은 내용이 텅 비었고 신학적으로 무능한 것처럼 목회적으로도 둔감하다. 그러므로 이제는 목회를 소망의 지평에서 부르는 송영으로 보도록 생각을 전환시켜야 한다.

### 소망의 지평에서 행하는 사역: 아멘, 주 예수여 오시옵소서

하나님의 과거 역사를 기반으로 해서, 우리는 하나님의 미래 역사를 열망하는 가운데 사역을 한다. 즉, 이는 하나님의 강림이며, 역사의 최종적 구속이고, 무덤 너머의 삶이며, 죽음 너머 역사의 실현이다.

신앙적으로 볼 때, 인생은 부활하신 예수님의 생명과 사역 안에 담겨진 하나님의 약속으로서 특징을 지니는 미래에 열려 있다. 이 약속은 과거에서 벗어나 미래를 위해 열린 지평을 창조하는 약속이다. 이 약속은 신자들이 소망을 갖고 다가오는 완성을 기다릴 때 기대감의 열린 지평을 창조한다. 우리에게는 부활하신 예수님의 생명과 사역에서 처음부터 끝까지 형성되는 미래가 있다. 다른 한편으로, 소망을 상실하는 것은 예수님의 부활이라는 과거와 예수님의 생명과 사역이라는 미래 모두에 대한 신앙을 상실하는 것이다. 소망의 상실은 우리가 부활하신 예수로부터 멀어질 때, 즉 사실상 예수께서는 그저 죽으셨을 뿐이라고 단정지을 때 일어난다. 아마도 이러한 의미에서 소망의 상실은 오늘날 무신론의 전형적인 표현일 것이다.

　　기독교적 소망의 근거는 부활하신 분이 누구냐에 놓여 있다. 왜냐하면 참으로 하나님이신 예수님은 우리의 형제가 되어 우리의 죽을 인생을 하나님의 생명으로 인도하셨고, 그의 부활을 통하여 그 죽을 운명으로부터 벗어나 새로운 생명을 주셨고, 그 새로운 생명에 미래를 부여하셨다. 때로 약속의 핵심이 오해되곤 한다. 부활은 단지 예수님께만 일어난 독특한 사건이 아니라, 그리스도와 우리의 연합을 통해 우리에게도 일어날 중요한 사건이다. 그분의 생명에 동참하는 것은 그 생명의 약속과 그 생명이 가져올 미래에 참여하는 것이다. 그러므로 부활은 단순히 믿어야 할 신앙의 교리가 아니라 부활하신 예수의 생명 안에서 우리에게 주어진 하나님의 약속에 대한 신뢰를 개인적으로 내면화시키는 것이다. 소망은 예수님과 함께 하는 우리의 미래에 대한 기대의 지평에서 살아가는 삶을 의미한다.

목회적 차원에서 말할 때, 선포하고 기념해야 할 소망의 근거, 즉 사역의 기반과 내용을 구성하는 소망의 근거는 예수께서 살아 계신다는 사실이다. 이는 모든 기독교의 기도와 예배의 근거이자 진리이다. 이러한 진리가 없을 때 기도와 예배는 종교적 자아 실현이라는 무익한 과제로 전락된다. 이는 모든 기독교적 위로의 근거이며 진리이다. 그와 같은 소망이 없다면, 위로는 아무런 힘을 받지 못한다.(위로의 원어인 com fortis=with strength, 즉 힘을 지닌다는 뜻이다.—역주 포함) 그것은 거짓일 뿐이다. 하나님에 대한 모호한 인식 속의 소망, 즉 구체적 기독론이 결여된 소망, 또는 부활을 은유나 사회적 경험으로 축소시키는 소망은 둔감하고 치명적인 현실 앞에서 흐트러지는 소망일 뿐이다. 이는 우리에게 우리 자신의 자원에 의존하는 소망 만을 남겨 놓는다. 그리고 불행히도 이는 절망을 위해 맞춰 준비된 요리법일 뿐이다. 만일 예수 그리스도께서 다시 살아나지 않으셨다면, 단지 신앙 뿐 아니라 소망과 사역도 헛될 뿐이다.

목회 사역은 어떤 식으로든 언제나 소망의 사역이다. 예수께서 살아 계시기 때문에, 그리고 우리가 그분의 생명에 동참하기 때문에, 우리 또한 살아 있게 될 것이다. 이러한 확신의 말씀은 약속에 기초해서 볼 때 결코 목회자의 입술에 머물러서는 안 된다. 계속해서 언제나 선언되는 궁극적인 말씀, 결정적인 말씀은 바로 이것이다. 그리스도께서 부활하셨다! 생명이다!

그러나 아직도 전해야 할 말이 더 있다. 왜냐하면 우리는 단지 예수님 안의 약속과 미래에 의해서 열린 지평 속에서만 살지 않기 때문이다. 우리는 또한 예수께서 다시 오시리라는 열망에 의해 열린 지평 속에서 살고 있다. 특별히 오늘날 주류 개신교단에서는 이 점에 관해서 거의 말하지 않는다. 진리가 전해지면 우리는 그로 인해 다소 당혹스러워하는 것 같다. 그러나 여기에 중요한 문제가 있다. 약속은 성취되리라는 확신이 없다면 무가치하다는 사실이다. 사실 우리가 현세에만 소망을 둘 수 있다면 현재 예수님과의 관계 안에 있는 것도 그리 큰 의미를 지닐 수 없을 것이다. 이를 신학적인 용어로 표현하면 다음과 같다. 만일 예수께서 다시 오지 않으시고, 성부께서 예수께 행하신 것을 우리에게 행하지 않으신다면 예수님의 부활은 그리 가치로울 것이 없다. 그러므로 두 번째 강림에 관해서 우리가 느끼는 당혹감들은 일단 제쳐 두라. 복음의 성취는 살아 계신 예수께서 만물을 아버지께 드리기 위해 다시 오시리라는 신앙의 고백 안에 자리잡는다. 간략히 말해서, 이는 예수 그리스도께로 인도받는 이들을 위해 그분 안에 마련된 미래의 생명을 말한다. 우리는 이를 견고한 확신과 더불어 선포한다. 그렇지 않을 경우 우리 인간들은 절망 속에 버려지기 때문이다.

개인적인 간증을 하나 말하겠다. 나의 아버지는 나의 첫 아들인 브렌던(Brendan)이 태어나기 이틀 전에 돌아가셨다. 그때는 내가 이 원고를 쓰는 시점에서 27년 전 지금이다. 아버지는 폐암으로 돌아가셨다. 내 인생에서 가장 슬프고 감정적으로 여전히 혼란스러운 사건은 나의 아버지께서 살아서 퍼브스(Purves) 가문의 첫 손자가 커가는 모습을 알지도 보지도 못하셨다는 것이다. 브렌던의 출생은 아버지의 장례식 때 스코틀랜드에 있는 내 친척들에게 전해졌다. 나의 아버지는 브렌던을 오직 기대감 속에서만 아실 뿐이다. 여기에 바로 우리를 그 품으로 인도하실 살아 계신 예수님과 우리의 연합을 통한 기독교적 소망에 대한 내 이해의 지점이 놓여 있다. 예수님과 나의 아버지, 그리고 나는 어떤 식으로든 하나님의 나라에서 함께 즐거운 만남을 갖게 될 것이다. 비록 우리는 이러한 소망의 완성을 기껏해야 거울로 보는 것처럼 희미하게 엿보긴 하지만, 그럼에도 불구하고 여기에 진리가 있다. 즉, 우리가 사랑하는 사람들과 영광 가운데 함께 하는 미래가 존재한다는 사실이다.

요약해서, 내가 주장하는 논점은 구체적이지 않은 소망은 전혀 소망이 아니라는 것이다. 이는 신에게 투사된 피조물의 생각이라고 하는 신화적 생각이 아니다. 이는 확고한 현실주의적 생각이다. 이는 복음과 "아멘, 주 예수여 오시옵소서!"라는 고백의 의미로부터 직접 도출된다. 목회를 하면서 우리의 회중을 목양하는 삶의 한 가운데서 이러한 소망을 증언하자.

## 경이감으로 옷 입은 목회: 그리고 그들은 놀랐다

그리고 물론 이 모든 것은 놀랍기만 하다. 목회를 그와 같이 이해하게 되면 우리는 부활하신 예수의 생명에 참여하게 될 것이고, 목회에 대한 우리의 사고방식은 그에 맞춰 조정될 것이다. 이는 진정한 회개(metanoia), 즉 생각의 진정한 변화를 불러일으킨다. 생각의 범주들이 깨어지고 새롭게 열릴 것이며, 기대가 바뀔 것이다. 왜냐하면 관심의 중심이 우리가 무엇을 하느냐 에서 부활하신 주님이 무엇을 하느냐로 이동하기 때문이다. 이는 사실상 관점의 심오한 해석학적 변화를 수반한다. 아마도 우리는 경이로움에 그저 침묵만 할지도 모른다. 왜냐하면 목회 기법 또한 변화되어야 하기 때문이다. 그래서 한동안 우리는 계몽되기 보다는 당황스러움만 느낄 수도 있다. 내가 이를 숙고하면서 베드로가 빈 무덤을 보며 서 있을 때의 혼란스러움(눅 24:12)을 느껴보려고 하면서, 나는 경이로움은 부활하신 예수님의 사역에 동참함에 있어서 본질적 특성에 속한다는 사실을 알게 되었다.

예를 들어 설명하자면, 예수께서 어린이들의 신앙에 대해서 언급하신 점을 고려해보라. 사실 예수님은 신앙의 삶에서 어린이들의 리더십을 말씀하신 것이다. 이는 나에게 경이감의 중요성을 다시 한 번 일깨워준다. 경이감은 어린이들의 경험을 특징지어준다. 어린이들은 계속해서 놀란다. 눈을 크게 뜨고 즐거운 표정을 지으며 아이들은 경이로움 속에서 모든 세계를 학습한다. 다양한 색깔과 패턴, 소리에 놀라며 동물들과 곤충들을 보고 놀라며, 맛과 냄새를 맡으며 놀란다. 그래서 예수님은 우리에게 이제 다시 아이들로부터 경이감을 배우라고 분부하시는 것이다.

아마도 우리(성인들)는 계몽주의적 합리주의에 너무 큰 상속자가 되어 버렸는지 모른다. 우리는 너무 많이 사고하고 너무 많이 설명하고 너무 많이 안다. 모든 만물의 핵심에 놓여있는 신비가 기능과 유용성에 의해 가리어 있다. 우리는 우주의 주인이 되어 모든 만물을 우리가 파악할 수 있는 범위 안에서 우리 자신의 목적과 가상적 필요에 맞게 사용하려 한다. 그러나 나는 신앙은 점진적이어야 한다고 상상해 본다. 우리 주변을 발견하고 모든 만물 안에 있는 비범함에 관심을 갖고 그것들을 숙고하는 데에는 시간이 걸린다. 그것들을 선물로 감사히 여기며 듣고 침묵을 받아들이는 데에는 시간이 걸린다. 이는 신비를 사물과 사람의 일부 속성으로 받아들이는 자세다. 그리고 그와 같은 차원에서 이를테면 마음을 관조해야 한다. 단지 사람들의 마음 뿐 아니라, 산과 구름, 떨어지는 낙엽과 갓 태어난 아기 고양이의 마음도 관조할 수 있다. 나는 신앙은 비어져야 한다고 상상한다. 이는 공간을 환영하며 자극에 익숙해진 우리의 중독에 도전을 준다. 그래서 금식이 참으로 변혁적인 기도의 형태가 될 가능성이 가장 높은 것이다. 물론, 나는 이러한 설교를 분명히 듣고 싶다!

이러한 것들이 없이는, 즉 속도를 늦추며 더욱 조용하고, 호기심을 갖되 우리의 텅 빈 마음을 쓸데없는 것들로 채우려 하지 않음이 없이는, 경이감은 존재할 수 없다. 특별히 사람들의 삶 속에서 하나님의 은혜로운 시련을 발견하면서 생겨나는 경이감은 존재할 수 없다. 이와 같이 부활하신 예수님에 대한 신앙에서 비롯되는 경이감은 열린 지평과 진기함과 놀라움을 기대하게 만든다. 경이로움은 십중팔구 사람들의 삶 속에서 은밀하고 미묘하게 그리고 때로는 숨겨진 상태로 움직이시는 살아계시고 역사하시는 주님께 대한 신앙과 상호관계를 갖는다. 그러나 그분은 움직이신다! 경이로움이 없다고 해서, 우리가 하나님을 우리의 세상 밖으로 내몰 수 있겠는가? 경이로움이 없는 신앙에는 부활하신 예수님을 위한 자리도 없다.

지금까지 우리가 부활하신 예수의 능력 안에서 행하는 사역에 대해 생각할 때에는 종말론적 관점이 주된 방식이었다. 경이감으로 옷 입은 사역은 우리를 이 세상에 더욱 충실하게 만든다. 이는 모든 삶의 자리와 상황 속에서 일어나는 하나님의 활동을 인정한다. 그리고 그 결과를 보고자 기대한다. 실존의 어느 구석도 하나님이 배제된 곳은 없다. 그러므로 경이감으로 옷 입은 목회는 기적을 기대한다. 살아계신 주님의 역사에 대한 경이감은 교회의 부활 사역을 특징짓는다. 과거 세대의 교회가 아닌 바로 오늘의 교회 말이다. 경이로움은 우리로 하여금 복 주시는 하나님의 손길을 보게 하고, 위로하시고 권면하시는 하나님의 음성을 듣게 하고, 능력을 부여하시는 하나님의 현존을 인식하게 하는 중심적 해석 관점이 된다. 그러므로 경이로움은 영적인 통찰력이다. 즉, 주님께서 살아계시고 역사하기에 세상을 파악할 수 있는 안목인 것이다.

우리가 부활하신 예수의 사역에 동참하기 때문에 경이로움이라는 특징을 지니는 이 사역은 어떠한 모습이겠는가? 몇 가지 제안을 하겠다. 성스러운 기름 부음 없이는 결코 떠나지 말라. 사람들을 축복하라. 예수께서 성령 안에서 사람들의 삶 속에 관여하신다는 기대를 품으라. 기름은 그와 같은 사역의 상징이다. 예수께서 당신의 뇌와 성대를 통해 그의 백성에게 무언가를 말씀하기 원하신다는 기대가 없이는 강단에 올라서지 마라. 교회 위원회에 들어가서 주께서 그 회의실에서 무슨 일을 하시려는지에 대한 영적 분별이 공동의 과제임을 의식하며 명료하게 전제하지 않고서는 자리에 앉지 말라. 생각의 변화와 영혼의 향상, 주님의 살아계심을 따라 목회하겠다는 도전을 기대함이 없이는 신학서적이나 주석서를 집어 들지 말라. 눈을 크게 뜨는 영적 훈련을 실천하라. 경탄을 기대하라. 진실로 경탄을 열망하라. 아마도 그러면 목회는 경이롭게/경이로움으로 가득하게 될 것이다.

## 담대한 사역: 용기를 가지라. 내가 세상을 정복하였노라

담대함으로 함께 하는 사역은 의심할 바 없이 많은 측면을 통해서 고려되어야 한다. 하지만 여기서 나의 관심사는 간략히 말해서 설교에 있다. 강단은 목회의 공적 장소이자, 담대함, 혹은 소심함이 드러날 가능성이 가장 많은 장소이다. 그러나 주목하라. 문제는 용기의 덕목이 아니다. 설교자에게 그러한 덕목이 결여되었다는 것이 문제가 아니다. 문제는 부활하신 예수님의 생명과 사역에 대해서 설교자가 확신하느냐, 그렇지 못하냐 하는 점이다.

목회하면서 소심했던 슬픈 이야기를 나누려 한다. 2007년의 늦은 여름과 이른 가을 동안에, 내 아내와 나는 영국에서 3개월을 지냈다. 우리는 영국 전역의 평범한 교구 교회들 뿐 아니라, 작은 시골 교회들과 도시의 대형 교회들에서 설교를 들었다. 이처럼 샘플 설교들을 들으면서 일반적 결론을 내린다는 것은 위험한 일이다. 하지만 우리가 들었던 설교로부터 얻은 한 가지 인상은 많은 사적인 대화들을 통해서도 확인된다. 즉, 소심한 기독론의 문제다. 설교자들은 자꾸만 부활하시고 역사하시는 주님을 확증하는 일에 뒤로 물러서곤 한다. 살아계신 주님이신 예수님에 대한 모호한 믿음과 따분하고 감명 없는 설교 사이에는 분명히 연관성이 있다. 영국의 교회들은 마치 숨죽이며 어떻게 해서든 소음을 내려 하지 않는 것처럼 보인다. 그래서 사람들은 마치 교회가 존재하는지 조차 확인할 수 없는 지경이다. 우리가 분별한 바에 따르면, 신학에서 기독론의 상실은 설교에서 능력을 제거하는 결과를 낳았다. 많은 설교학적인 소음들이 있음에도 불구하고, 우리의 소심한 신학이 명료하고 담대한 복음의 선포를 방해하고 있지 않은지 의아해하기도 한다.

이 장을 쓰는 기간에 해당되는 매일의 성서일과에는 사도행전의 구절들이 포함된다. 한 가지 생각이 특별히 나에게 다가왔다. 초기 교회의 설교는 사람들을 뒤집었다는 사실이다. 사도행전 19장에 기록된 바울의 에베소 설교가 일으킨 효과에 관한 생생한 기록이 좋은 사례다. 사도적 설교는 기존 질서를 흔들었다. 왜냐하면 부활의 주님이신 예수께 집중하는 설교였기 때문이다. 거기에는 어떠한 소심함도 없었다.

왜 설교가 약해지고 김이 빠지는가? 아마도 한 가지 이유를 들자면, 부활하신 예수님의 사역에 대한 설교자의 확신, 또는 믿음의 결여에 있다는 것이 나의 주장이다. 만일 예수께서 죽으신 도덕적, 영적 영향력 있는 인물에 지나지 않을 경우 별로 할 말이 없는 게 당연하다. 만일 우리가 부활하신 예수께 대한 신앙에 있어서 소심할 경우, 우리의 설교는 그처럼 소심한 신앙을 반영할 것이다. 설교의 능력은 빠져 나가고, 설교의 진리는 제한될 것이다. 또 다른 이유는 사람들에게 도전을 주려 하지 않고 오히려 종교적 확신들이 깨어나면 어떻게 될지 모른다는 두려움에 그냥 잠들어 있는 확신으로 있도록 내버려두기 때문이다. 이유가 어떻든 간에, 나는 능력과 효과가 있는 설교와 살아계시며 역사하시는 예수님이 그분의 사랑의 자유와 성령의 임재 안에서 지금 여기에서 그의 백성들에게 말씀하신다는 신뢰 사이에 직접적인 연관성이 있다고 생각한다. 만일 설교의 과제를 정의하는 일이 정말로 그의 백성에게 말씀하시는 주님을 증언하는 것이라면, 그분이 침묵하신다고 믿는 것은 엄청난 역효과를 불러일으킨다.

의심할 바 없이 때로는 정직한 설교가 우리에게 도전을 주기도 한다. 이러한 설교는 우리의 안일함을 뒤엎을 것이며 우리의 혼란을 위로할 것이다. 예수께서 주님이시라고 선포하는 것은 다른 신성을 말하는 주장에 그 어떤 진리도 없음을 의미한다. 즉, 민족이라는 신성, 계급이라는 신성, 권력이라는 신성 등에는 사실 아무 진리도 없다. 예수께서 주님이시라고 선포하는 것은 다른 이름으로는 구원받을 만한 이름이 없음을 의미한다.(행4:12) 이는 각 종교들의 주장뿐 아니라 하나님은 많은 이름을 갖고 계시며, 따라서 이 하나님에 이르는 많은 길들이 있다는 사실에 대한 광범위한 수용에도 직접적인 문제를 제기한다. 다문화주의와 종교다원주의 상황에서 다른 신앙을 가진 사람들을 향한 존경과 배려와 친절 뿐 아니라, 용기와 진실함과 확신을 갖고 어떻게 설교하느냐 하는 것은 거대한 도전이다. 담대하게 선포하라고 해서 경솔하거나 오만하게 다른 신앙들과 그 신도들을 악마화하라는 의미는 아니다.

담대한 설교는 영적으로 든든한 기반과 신학적 예리함에서 비롯된다. 우리는 예수님의 이름을 그 이름 안에서 살지 않고는 신실하게 선포할 수 없다. 우리는 예수님의 이름을 그 이름을 지니신 분을 알지 못하고서는 진실하게 선포할 수 없다. 강단에서 보이는 설교자의 공적인 얼굴 뒤에는 지속적으로 기도하며 충실하게 연구하는 신앙의 남성이나 여성이 있게 마련이다. 목회의 담대함은 신앙의 담대함에서 맺어지는 열매다. 이는 부활하신 예수님의 생명과 사역을 신뢰하며, 또한 예수께서 그의 백성들에게 하시려는 말씀을 명료하게 확신을 갖고 증언하는 용기라 할 수 있다.

## 카리스마적인 사역: 그리고 그분은 그들에게 숨을 불어 넣으셨다

인간은 '그리스도 안에' 있을 수 없다. 또한 인간은 성령의 선물을 가질 수 없다. 믿음: 우리가 예수님이 육신을 입고 오셨음을 고백하는 것은 성령에 의해서다.(요일4:2) 사역: 우리를 예수 그리스와 결속시키시고(칼뱅의 표현) 그분의 생명과 사역에 동참하게 하시는 이는 성령이시다. 은혜를 의미하는 '카리스'(charis)라는 단어는 감사를 뜻하는 '유카리스티아'(eucharistia)와 '카리스마적'(charismatic)인 삶, 즉 성령의 선물을 통해 예수께 접붙여진 삶으로 이어진다. 이제 전 교회가 기독교 신앙과 삶, 그리고 사역의 카리스마적 본질을 회복해야 할 때가 됐다.

사도행전 1:8은 성령의 선물이 능력, 즉 제자들로 하여금 원근각지에서 증인의 삶을 살도록 만든 '뒤나미스'(dunamis)의 선물임을 알려준다. 부활하신 예수의 능력 안에서 행하는 사역, 즉 카리스마적인 사역은 소명과 행동이라는 특징을 지니게 된다. 사도행전 1:8에 비추어 이 의미를 살펴보자.

소명은 하나님의 부르심에서 비롯된다. 소명이란 예수님의 부활 사역에 구체적으로 참여하라고 예수께서 보내셨음을 의미한다. 그러한 목표를 향해서, 소명을 수행하려면 예수께서 숨을 불어 넣으셔야 한다. 이 숨은 성령의 선물이다. 예수께서는 이를테면 멀리서 우리에게 능력을 부여하시는 것이 아니라 그분의 부활 생명과 사역에 친히 우리를 동참케 하신다. 사역은 '그리스도 안에서' 이루어진다. 그러므로 소명은 하나님의 부르심이며, 성령의 능력 부여이며, 예수님과 연결된 제자도로서 부활하신 예수님을 중심에, 즉 핵심 내용으로 삼는 사역에 동참하는 것이다. 예수께서 성부로부터 받은 지속적인 사명이 사역의 내용이라면, 부르심과 보냄, 그리고 능력의 부여는 사역의 기본 구조로 보인다.

그와 같이 소명은 행동, 즉 사역의 구체적인 사건들로 이어진다. 예수님의 부활 사역에 동참함에 있어서 '공상적'이거나 일반적이며 모호한 것은 전혀 없다. 행동으로서의 소명은 동정이나 좋은 의미의 선한 의도를 넘어서 움직인다. 행동으로 이어지는 소명은 부활하신 예수님의 구체적인 사역을 공적으로 표시하는 것이다. 예수님의 주되심이 그 어느 곳, 그 누구도 그분의 사역적 임재로부터 배제될 수 없음을 의미하는 것처럼, 마찬가지로 행동으로 이어지는 소명은 그리스도인들이 급진적으로 세상에 참여하는 동시에 구체적으로 내재해야 함을 의미한다. 즉, '그리스도 안에서'로 특징지어지는 기독교 사역에서 우리는 세상에 자리하고 있으며, 또한 세상에 직접 참여함으로 우리의 현존을 보여줘야 한다. 행동으로 이어지는 소명은 '친밀하고 인격적인'(up close and personal) 것이다.

복음서에 나타나는 예수께서 긍휼히 여기신 사례를 살펴보자. 긍휼에 해당되는 헬라어 '스플랑크니조마이'(splagchnizomai)는 말 그대로 한 사람이 다른 사람의 고난에 유대감을 지니면서 창자가 뒤집히는 것을 의미한다. 긍휼한 마음을 지니신 예수께서는 나병환자를 만지시고 그를 치유하셨다.(막1:41-42) 나인성의 과부를 긍휼히 여기신 예수께서는 관에 손을 대시고 그녀의 죽은 아들을 일으켜 주셨다.(눅7:13-15) 마가복음 9:22을 보면 간질병에 걸린 아들의 아버지가 절박한 심정으로 예수께 긍휼히 여겨달라고 부탁했다. 예수께서는 또 경련을 일으키고 쓰러진 아이의 손을 잡으시고 치유하셨다. 긍휼의 마음을 지니신 예수께서는 두 소경의 눈을 만지시고 그들을 치유하셨다 (마20:29-34). 마태복음 9:36은 예수님의 사역을 요약하기 위해서 긍휼이라는 단어를 사용하고 있다(개역개정 성경에서는 '불쌍히 여기시니'라고 번역되어 있다.—역주)

예수님의 치유와 긍휼의 어루만지심에 대한 기록은 행동하는 사역의 친밀감과 실제성, 그리고 즉각성을 가리켜준다. 여기에는 얼굴과 얼굴을 마주하는 특성이 존재하고 있고, 이는 현존과 참여를 말한다. 이는 연결을 만드는 방식, 심지어 신체적 관계 방식의 사역이다. 여기서 특별히 흥미로운 점은 복음서에서 오직 예수님만이 바로 이러한 종류의 긍휼을 갖고 행동하신 것으로 묘사된다는 사실이다. 이를 신학적으로 표현하자면, 오직 그리스도와의 연합 안에서 우리는 그분의 긍휼어린 어루만지심에 동참하게 될 것이다. 그리스도와의 연합 안에서 우리는 치유를 부르짖는 현실 상황에 소명에 따라 참여하기를 기대해야 한다. 바로 그러한 상황이 부활하신 예수께서 우리 앞서서 이미 현존하시는 자리이다. (이에 대한 더욱 자세한 설명을 보려면 나의 책 「긍휼을 향한 탐구: 영성과 사역」 The Search for Compassion: Spirituality and Ministry 를 보라.)

부활하신 예수의 능력 안에서 행하는 사역은 종말적 소망의 사역 이상이다. 나는 여기서 이러한 사역이 세상의 삶에 구체적이고 특정하게 참여함을 수반한다는 것을 보여주려 하였다. 우리가 부활하신 예수의 사역에 동참하도록 부르심을 받고 능력을 부여받았다면, 우리는 그분이 오늘날 실제로 관여하시는 사역으로 가야 한다. 이러한 측면에서 구체적이고 특정적이지 못한 사역은 핵심에서 벗어난 사역으로 판명될 것이다.

## 주님의 통치에 의해 지속되는 사역: 전능하신 성부 하나님 우편에 앉으시다

이 장에서 나는 목회를 우주를 다스리시는 부활하신 예수님의 권능 안에 자리잡게 하였다. 내가 이렇게 하는 이유는 때로 사역과 관련된 우리의 지평이 너무 작고, 우리의 시야도 너무 작으며, 우리의 기대는 너무 제한되어 있다는 두려움 때문이다. 그러한 경우에 우리는 제한된 인식 능력으로 인해 바로 눈앞에 보이는 것과 붙잡을 수 있는 것 너머를 미처 보지 못할 수 있다. 우리는 우리 자신이 전 우주적 범주에서 벌어지는 구원 사역에서 예수님과 파트너가 되었다는 사실을 이해하지 못할 수 있다. 나는 앞의 논의에서 다룬 것처럼 사역은 지역적이어야 하나, 각 지역에서 행하는 실천은 우리의 머리로는 다 헤아릴 수 없을 정도로 거대한 범주에서 벌어지는 하나님의 우주적 구속 사역의 일부라고 주장한다. 우리는 천국 심포니의 연주자들이다. 그러나 우리가 하는 일은 점수를 매기거나 오케스트라를 지휘하는 것이 아니다. 우리가 행하고 말하는 모든 일은 하나님의 전능하신 역사의 일부다. 우리는 단지 이러한 세상의 구원을 바라볼 뿐 아니라 새 하늘과 새 땅을 바라보기도 한다. 우리는 다름 아닌 새로운 창조세계의 전망 안에서 우리의 일을 행해야 한다. 마찬가지로 놀라운 사실은 부활하시고 승천하신 예수님의 현재적 사역에서 일익을 맡아 그 목표에 이르기까지 역할을 감당하는 것이 우리의 소명이라는 점이다.

부활하신 예수님은 전능하신 성부 하나님의 우편에 앉아 계신다. 이 말이 의미하는 바의 신학적 복잡성이 우리의 이해 범위를 훌쩍 넘어서기는 하지만 이 진리의 광대함과 목적은 숙고할 만한 가치가 있다. 이제 예수님의 부활하시고 승천하신 생명과 사역의 범주 바깥에는 아무 것도 없다. 그 어떤 단서나 조건 없이, 아무 것도 그분을 넘어서 존재할 수 없다. 이제 어둡고 광활한 우주 공간에서부터 양자물리학에서 규정하는 통계확률과 갓 태어난 아기의 생명에 이르기까지 모든 피조세계는 그분의 구원하시며 보호하시는 범위 안에 있다. 예수님은 창조주이시며 구속주이신 로고스다. 그분은 모든 합리성을 응집시키는 근원이시며, 의미의 근거이시고, 진리의 인격적 행동이시고, 신성한 사랑의 인간적 구현이시다. 우리가 어떻게 해야 이를 바탕으로 목회적 관점을 세울 수 있겠는가?

시편 139:7-10을 묵상해보자.

내가 주의 영을 떠나 어디로 가며
주의 앞에서 어디로 피하리이까?
내가 하늘에 올라갈지라도 거기 계시며
스올에 내 자리를 펼지라도 거기 계시니이다.
내가 새벽 날개를 치며 바다 끝에 가서 거주할지라도

거기서도 주의 손이 나를 인도하시며
주의 오른손이 나를 붙드시리이다.

또는 바울이 누가 우리를 정죄하겠느냐고 물었을 때 한 말을 기억해보라. 그의 대답은 이렇다. "다시 살아나신 이는 그리스도 예수시니 그는 하나님 우편에 계신 자요 우리를 위하여 간구하시는 자시니라."(롬8:34) 주께서 하시는 사역의 범위와 목적이 의미하는 바는 그분의 사랑의 범위와 지속성 바깥으로 우리가 갈 수 있는 곳은 어디에도 없다는 것이다.

주님의 사역은 지역에 국한되거나, 부분적이거나, 불안하지 않다. 그분은 모든 공간과 시간을 다스리시는 만유의 주님이시다. 그분은 알파요, 오메가이시다. 이 말이 목회에 의미하는 한 가지 사실은 우리의 노력이 균형을 갖추게 된다는 점이다. 하나님의 구원 계획의 성공은 우리의 책임이 아니다. 그것은 하나님의 책임이다. 하나님의 역사로 그의 나라가 온전하게 이루어질 것이다. 그러므로 그분의 온전하고 마땅한 통치 안에 거한다는 의미가 무엇인지에 대해서 우리가 숙고해야 할 매우 실제적인 의미가 있다. 우리의 일이 중요한 만큼 그분의 일은 훨씬 더 중요하다. 우리의 실패가 분명히 하나님을 포함한 관련된 모든 이들에게 고통스러울지라도, 우리의 실패는 결코 종결어가 아니다. 궁극적으로, 메시아적 사역의 실행은 우리에게 달린 것이 아니며, 또한 우주적 차원에서 벌어지는 일도 분명히 아니다. 그러니 메시아적 사역은 시도도 하지 말라. 하나님의 나라는 우리의 어깨에 달려있지 않다.

이 모든 진리를 달리 말하면 사역은 하나님의 섭리 안에서만 바르게 이해될 수 있다는 것이다. 성부의 보좌 우편에 앉으신 예수님의 통치는 만물을 바로잡으시는 하나님을 신뢰하라는 부르심이며, 따라서 창조세계의 구원 경륜에 있어서 우리 자신이 맡은 작은 역할에 대해서 덜 불안해하라는 것이다.

"보라, 내가 만물을 새롭게 하리라"는 약속의 성취를 확신하는 사역은 예수님의 통치와 그분의 최종 승리를 신뢰하는 사역이다. 부활하시고 승천하신 주님께서 만물을 그분의 발아래 놓으신다. 만물이 그분의 목적에 따라 한데 모인다. 그리고 그분이 마땅한 목표이시니, 잠시 멈춰서 앞서 선포하고자 했던 모든 것을 다시금 순전한 마음으로 외치자. 예수께서 살아계신다! 마침내 영광이오! 마침내 영광이오! 마침내 영광이오! 그러하오니 주 예수여 오시옵소서.

# 인명 색인

# 성구 색인

부활의 목회
Copyright ⓒ 새세대 2013

초판발행  2013년 5월 30일

지 은 이   앤드류 퍼브스
옮 긴 이   김선일

펴 낸 곳   도서출판 새세대
홈페이지   www.newgen.or.kr
이 매 일   churchgrowth@hanmail.net
출판등록   2009년 12월 18일 제2009-000055호
주    소   경기도 성남시 분당구 정자동 210-1
전    화   031) 761-0338   팩스  031) 761-1340


ISBN 978-89-967016-5-1 (93230)
책값은 뒤표지에 있습니다.